TPM

华夏智库·新管理丛书

生产现场的 TPM实践

姜明忠◎著

SHENGCHAN XIANCHANG DE
TPM SHIJIAN

经济管理出版社
ECONOMY & MANAGEMENT PUBLISHING HOUSE

图书在版编目（CIP）数据

生产现场的 TPM 实践/姜明忠著. --北京：经济管理出版社，2017.6
ISBN 978-7-5096-5177-3

Ⅰ.①生…　Ⅱ.①姜…　Ⅲ.①企业管理—设备管理　Ⅳ.①F273.4

中国版本图书馆 CIP 数据核字（2017）第 133897 号

组稿编辑：张莉琼
责任编辑：张　艳　张莉琼
责任印制：黄章平
责任校对：超　凡

出版发行：经济管理出版社
　　　　　（北京市海淀区北蜂窝 8 号中雅大厦 A 座 11 层　100038）
网　　址：www. E-mp. com. cn
电　　话：（010）51915602
印　　刷：北京银祥印刷有限公司
经　　销：新华书店
开　　本：710mm×1000mm /16
印　　张：13
字　　数：220 千字
版　　次：2017 年 7 月第 1 版　　2017 年 7 月第 1 次印刷
书　　号：ISBN 978-7-5096-5177-3
定　　价：39.00 元

目 录

　　TPM 管理，即"全员生产维修"，是一种全员参与的生产维修方式，其宗旨是"生产维修"及"全员参与"，通过建立一个全系统员工参与的生产维修活动，使设备性能达到最优。这是一种新的维修思想，也可以说是一种动态的管理方法。为了准确理解 TPM 的含义及中国企业推行 TPM 的必要性，这一部分深入解析了 TPM 的内涵，详细介绍了 TPM 的管理体系，强调指出中国企业推行 TPM 是可行的，最后以一家生产企业成功推进 TPM 的实践予以证明。

第二部分：现代设备管理与 TPM 展开 ……………… 51

要达到 TPM 的目的，必须开展八项活动，这称为"开展 TPM 的八大支柱"。这八项活动包括：自主管理追求无为而治和员工自动自发的管理；专业保全即对公司设备进行管理，这是 TPM 活动的核心支柱；个别改善旨在提升及发挥相关人员的技术能力、分析能力及改善能力；教育训练是支撑 TPM 不断探索进取挑战的重要基础；小组活动是 TPM 推进的重要工具之一，体现了"全员参与"的思想；品质保全就是保障设备的所有质量特性处于最佳状态；事务部门效率提升，以确保顺畅地处理各项事务；安全环境旨在创建安全、整洁、温馨、充满生气的工作环境，实现"零灾害"。其中，自主管理是 TPM 中最为核心的内容之一。

第三部分：设备管理，重在正确操作、点（巡）检与预防性维修

　　设备管理是科学性的管理，其科学性主要通过以下几个方面来体现：正确操作设备是控制技术状态变化和延缓工作能力下降的首要事项，只有操作者正确使用设备，才能减少和避免突发性故障；设备点检管理是一种及时掌握设备运行状态，指导设备状态检修的一种严肃的科学管理方法；TPM 设备维修管理模式是一种全员生产维修模式，更加重视操作者自主维修，在改善人的素质的同时改善设备的素质，提高设备效率；设备维修的日常管理需要建立设备管理机制，制定设备的维护、保养计划。

第四部分：TPM 实践现场四要素：6S、六源、可视化、定置化

6S、六源、可视化和定置化是 TPM 实践现场的四个要素：6S 现场管理由日本企业的 6S 扩展而来，是现代工厂行之有效的现场管理理念和方法，其作用是提高效率，保证质量，使工作环境整洁有序，预防为主，保证安全；寻找和解决"六源"是开展 TPM 活动的主要任务；可视化管理能让企业的流程更加直观，使企业内部的信息实现可视化，并能得到更有效的传达，从而实现管理的透明化；生产现场定置化管理则可以让生产现场管理更加文明化、科学化，从而达到高效生产、安全生产的目的。

第五部分：TPM 绩效评估 ·············· 179

TPM 绩效评估涉及方方面面，TPM 推进过程中的绩效须纳入评估体系之中，以此反映出各个项目的成熟度。第五部分主要阐释了两个方面的内容：设备的综合效率 OEE，并给出使用设备综合效率标准 OEE 的思路；TPM 管理绩效评估体系包括 TPM 管理绩效评估原则、TPM 管理绩效评估指标体系、TPM 管理绩效评估的操作程序等。

导言　设备人机系统精细化——现代设备管理的最佳诠释

　　现代设备管理是以研究设备使用寿命周期为对象，以追求设备寿命周期费用最经济和设备效能最高为目标，动员全员参加，应用现代科学知识和管理技能，通过计划、组织、指挥、协调、控制等行动开展的设备综合管理。

　　设备管理从"事后维修"发展到"预防维修"阶段，其出发点是为了解决设备突发故障对生产组织的干扰和产品质量的负面影响，重点解决的是如何有效"预防"突发故障的发生；再往后发展到"生产维修"阶段，则使人们意识到，并不是所有的设备都需要做预防性维修，因为我们总是要关注"突发故障停机导致的损失"与"为了预防这类损失而做的投入"之间的平衡关系，任何一种极端都是不可取的，企业应该追求一种综合费用最优。这里面就牵涉一个维修策略的应用问题，也就是说，需要根据设备故障特征进行分类，辅以不同的维修策略，以达到综合费用最优。在这个过程中，人们也意识到需要针对设备的设计缺陷展开"纠正性维修"，即不拘泥于原设计而大胆尝试，解决一些重复发生的故障的根源性病因。另外就是一种如何将一个设备的问题原因有效传递给设计方或者制作方，实现同机类比检修的可能性（类似汽车厂商的召回机制）和同类新设备改型设计、制造时，彻底从设计、制造端消除目前正在使用设备存在的问题。

　　正是为了解决好这些问题，从20世纪70年代开始，人们就尝试不断引入新的故障现象识别技术和检查手段来有效掌控设备劣化趋势和规律性。当然尽管早期由于受技术所限，对设备劣化趋势的掌控未必完全有效，但都逐步地将基于时间的预防维修导向基于状态的预知维修（状态监测），都在不断丰富和完善着如何做到有效预防和预知故障的技术手段。而TPM设备管理本身，是相应的组织、工作标准、流程和资源要素，在时间和空间维度及设备的基础管理、操作、维护和维修等功能维度方面的投影。企业规模越大，生产设备类型越多，这一类的管理要求也就越复杂。因此，不断通过计算机手段，将设备管理从单纯的手工作业模式解放出来，不断提高管理效率和管理的便捷性，也成为 TPM 设备管理发展的一大时代特点。

事实上，真正实现设备管理不断向前发展的，一是英国的综合工程学，其倡导全寿命周期管理，将设备管理当作重点内容，从仅关注设备使用和维修环节，扩展到设备从规划到淘汰报废的全过程，这极大地提升了企业对设备管理范畴的认识，特别是如何加强设备前期管理来有效追求全寿命周期综合成本最小化；二是日本的 TPM，即不仅是设备专业人员要思考设备与维修模式，还需要认识岗位操作人员在设备管理领域的重要作用。

岗位操作人员对 TPM 设备管理的影响体现在两方面，一方面需要发挥他们天天接触设备，对设备信息了解的优势，用于早期识别设备故障苗头和把故障消灭在萌芽状态；另一方面也要通过规范他们的行为，有效减少一些重复性的人为失误。全员参与设备管理，极大地改变了设备管理团队的主体，通过操作人员和维修人员的共同积极作用，来追求设备综合效率最大化。这种设备人机系统精细化，才是对现代设备管理的最好诠释，也才是我们管好和用好现代设备的最好方法。

为了实现设备人机系统精细化、效率化，本书从"TPM 管理体系概述"、"现代设备管理与 TPM 展开"、"设备管理，重在正确操作、点（巡）检与预防性维修"、"TPM 实践现场四要素：6S、六源、可视化、定置化"、"TPM 绩效评估"这五个方面展开，对生产现场 TPM 实践予以全方位指导。本书内容理念先进、方法具体，并且辅以大量生产现场实践案例来说明，是推进 TPM 活动必备的指导性读物，适合企业领导者、设备管理人员、生产一线管理者和操作工人、技术人员以及相关领域的研究者阅读。

为了使设备处于高效、稳定、长周期、低成本运行的状态，这就需要 TPM。因为 TPM 就是解决这些问题和达到良好目标的一种较成功的设备管理方法之一，也是非常实用的全方位管理方法。

第一部分：TPM 管理体系概述

　　TPM 管理，即"全员生产维修"，是一种全员参与的生产维修方式，其宗旨是"生产维修"及"全员参与"，通过建立一个全系统员工参与的生产维修活动，使设备性能达到最优。这是一种新的维修思想，也可以说是一种动态的管理方法。为了准确理解 TPM 的含义及中国企业推行 TPM 的必要性，这一部分深入解析了 TPM 的内涵，详细介绍了 TPM 的管理体系，强调指出中国企业推行 TPM 是可行的，最后以一家生产企业成功推进 TPM 的实践予以证明。

第一章　TPM 的内涵

目前人们对 TPM 最全面的定义是：TPM 的目标是建立一个健全的、追求生产效率极限化的企业管理体制，从整个生产系统出发，构建一个防患于未然的、使所有不必要的损耗为零的机制。这个定义的核心在于生产设备的整体效率而非维修，在于全体员工的积极参与而不仅仅是管理人员。

根据这个定义，TPM 的内涵应该从五个方面来理解：强调全员的参与意识；形成 TPM 的管理理念；养成员工的自律习惯；要求员工成为复合型人才；追求"零化管理"。任何事情的成功在于坚持，不断地创新改善，根据企业自身的特点制定相应的管理体系，让 TPM 理念深入人心，才能不断推进。

强调全员的参与意识

TPM 管理的主旨是"全员生产维修"，是一种全员参与的生产维修方式。全员的参与意识是推行 TPM 活动中的最核心的指导思想，上至经营层领导下至一线员工形成每天从小事做起的风气，人人都将公司的生存和发展视为自己的事情，积极关心参与 TPM 的各项活动，这种参与意识体现出每个员工强烈的责任心，是工作效率提升的助推器，是产品质量稳定的可靠保障，是安全生产的坚实基础。

在一家实施 TPM 管理技术的制造公司中，由普通员工组成的 TPM 团队在一开始选择了一个冲床作为分析对象。通过对冲床的工作状态进行观察，并对其进行了深入细致的分析研究和评估，经过一段较长时间的生产作业记录，将冲床生产使用和非生产使用的时间进行对比，一些团队成员发现冲床在几种十分相似状态下的工作效率却相差悬殊，这个发现使他们开始考虑如何才能提高其工作效率，随后，他们就设计出一套先进的冲床操作程序，包括为冲床上耗损的零部件清洁、除锈、涂漆、检查、调整和更换等维护作业，从而使冲床处于良好的制造状态。作为改进中的一部分，他们对设备使用和维修人员的培训工作也进行了重新设计，开发了一个由操作人员负责检查的按日维护作业清单，并由工厂代理人协助完成某些阶段的工作。

在对一台设备成功进行 TPM 管理分析后，其案例改善实施记录表明，TPM 确能大幅提高产品质量，厂方管理层会因此更加支持对下一台设备采用 TPM 技术，长此以往就可以使整个生产线的状态越来越好，公司的生产率也会显著提高。

由上述案例可见，全员的参与意识在推行 TPM 活动中有着重要作用。那种"我只负责操作"的观念在这里不再适用了，而只有以"主人翁"的姿态参与其中，才能在生产实践过程中发挥出重要作用，才能为企业创造价值，从而提升员工自己的价值。

☞ 全员参与的含义

在企业经营管理活动中，参与管理往往会提高员工工作效率和工作满意度。随着受教育水平的不断提高，员工会逐步提高解决工作中实际问题的能力，他们不但渴望参与到与工作相关的决策中，而且会非常关注他们的意见或建议能否得到上级的重视。而管理者为他们创造参与条件，使员工充分发挥自己的潜力，展示自己的才干，使得员工能够感受参与的乐趣和成就感。企业通过各种管理手段，对员工争先创优做贡献取得的成绩进行测量、评价、表彰和奖励，使员工的工作得到充分认可，在某种程度上满足了员工自我实现的需要。这是一个企业和员工共同受益的"双赢"过程。

广大员工通过参与企业的各项管理活动，使他们与企业的联系更加紧密，对企业产生认同感，增强企业的团队精神。员工充分参与管理，使企业内部形成一种良好的人际关系和企业文化，可以大大减少员工之间、管理人员和操作工人之间的冲突或矛盾，使企业内部关系融洽亲密。员工充分参与，可以极大地鼓舞士气，使人人都争先创优做贡献，从而使企业的各项工作都得以顺利完成。全员参与又是企业挖掘人才、发现人才的重要途径，因为员工的聪明才智只有在参与过程中才可能被充分激发出来，才可能充分表现出来。

☞ 全员参与的方法

全员参与管理的具体方法如表 1-1 所示。

表 1-1　全员参与管理的具体方法

事项	内　　容
现场管理	现场管理是全员参与管理的重要方法之一，它是以小组为基本单元的小组改善活动，是 TPM 活动的重要基石。TPM 管理工作强调通过小组活动来创造全员改善氛围，通过员工参与小组改善活动来建立群众基础。在生产现场，小组成员不但涉及从事生产操作、设备维护管理的员工，还包括为生产和设备保驾护航的外协人员，由于缺少必要的沟通平台，或者多是站在自己的角度分析问题，在日常的工作中经常会出现因为工作性质不同而出现"老死不相往来"的现象。然而 TPM 小组活动提倡小组全员参与、各抒己见，利用小组活动这个平台对一个工艺参数、一台设备中存在的问题进行分析，最后选出最优方案，直至利用小组人力资源来组织实施整改，通过问题分析和组织实施，为区域内各种人员之间建立了沟通的渠道和协同作战的载体，从而进一步增强了区域内全体人员的凝聚力和向心力
改善提案活动	改善提案活动也是全员参与管理的方法之一。TPM 管理工作中强调以改善提案的形式来调动每名员工对生产现场、设备、工作环境、工作效率、物品利用率、安全作业的改善热情，培养企业的草根文化，通过实施各种改善来降低机物损耗、提高节约意识、减少设备故障、增加物品循环利用、降低成本、增加效益，确保安全
要坚持把 TPM 管理与降本增效充分结合	在推进 TPM 管理工作中，要坚持把 TPM 管理与降本增效充分结合。TPM 改善提案涉及生产现场的材料、物品、设备、环境、安全、管理方式等内容，因此要将其作为各部门周、月总结的一项重要内容，形成全员参与的改善氛围；通过将优秀的改善提案在现场 TPM 看板中的展示、通过组织改善亮点分布的实施和通过现场改善提案景点工作的开展对现场改善工作进行宣传，打通 TPM 改善提案与全员自主创新平台的连接渠道，从而有效地推进全员自主创新体系的建设
其他方式	除了现场管理和改善提案活动，全员参与还有更多的形式方法，如设置质量改进课题，进行招贤、课题招标；开展劳动竞赛，评选优秀员工；开展各类质量活动、安全活动、成本活动；通过员工代表会议，或由普通员工参与的企业管理小组（或委员会），鼓励员工探究企业问题，反映企业民意，等等

全员参与不是制度，它是文化，而且是最优秀的企业文化之一；全员参与不是活动，它是观念，尤其是领导的观念。全员参与，企业获益；全员参与，员工满意。

形成 TPM 的管理理念

开展 TPM 活动的最终目的不仅是为了维修设备，而是通过全员的参与和共同的劳动，使工作场所更加安全可靠，排除影响生产效率和质量保证的不利因素，给员工提供清洁、整齐、优美的工作环境，给顾客留下深刻印象和充分的信心，创建良好的企业文化，使得员工为一个共同的目标即为企业的持续发展做出应有的贡献。这是一种非常重要的管理理念。

☞TPM 管理理念的内涵

下面来分享一个有趣案例：

有一位制造企业的员工问一位在公司工作多年的车间老师傅："为什么你那个设备很少坏呢？看你也没怎么修理？"

老师傅微笑着回答说："因为我知道，设备也是有生命的。它有其独特的运转原理，就像人体正常的生理运作模式一样，只要我们多关注它、了解它、爱护它，它在工作中就不会出现问题。"

是的，设备是有生命的，这既是老师傅在这家制造企业多年生产一线工作的心得，也是 TPM 管理理念的精髓。

事实上，作为一个非常重要的管理理念，TPM 管理着眼的不是企业外部管理，它着眼的是顾客看不到的企业内部的组织能力，实际上也就是生产现场的实力。首要目的就是要事先预防，并消除设备故障所造成的损失，诸如加速老化、检查停机、速度下降、生产不良产品等，做到"零故障、零不良、零浪费和零灾害"，促进企业在竞争中获得更强的成本竞争力、变动对应能力、开发能力、质量保证能力，从而在企业核心竞争力上占据优势地位。

生产现场的设备管理是 TPM 管理主要的实践对象。比如对设备的初期清扫，就是要通过设备的清扫，在员工和管理者的观念中树立清扫就是点检的概念，通过设备清扫活动培育员工学会观察和了解设备；分析设备的某一部位产生的缺陷会对产品品质造成什么影响，从而促进设备的操作者学会全面系统的思考；能够查找问题，提出改善提案并自我实施；生产小组领导应多关注员工熟悉的生产现场，一点一滴地开展改善活动。

生产现场的设备管理一般可分为设备分类、设备性能鉴定、设备目视诊断技术、设备点检、设备预防性维护计划、关键设备备件储备等内容，TPM 活动就是将设备管理的这些内容实现。

比如设备点检分为员工的日常设备点检和专业人员的点检，点检项目的制定来源于现场，点检不合格项的处理来源于现场，一定要让员工知道点检的标准是什么，知道怎么判定异常，并让其学会一定的处理缺陷的技能，这样才符合精益生产的要求。

再如设备目视诊断技术，标出仪表的功能（压力、温度等）上下限范围、液位加注的上下限范围、转动部位的旋转方向，很容易让员工和管理者判定差异，从而预防问题的产生。通过各阶段的 TPM 活动能够不断理顺设备的管理流程，培养比设备强的人，提高设备综合效率，用良好的设备制造出质量稳定的产品，赢得利润，赢得市场。

TPM 活动强调"全员、全过程、全系统"的参与。全员，强调的是从总经理到一线操作员工全体参与；全过程，强调的是从客户需求信息的输入到企业生产管理活动，再到交付顾客满意产品的输出，这些都属于 TPM 活动的过程；全系统，强调的是无论是生产流程还是管理流程都要不断地革新，从而达成经营的革新，促使企业走上精益管理之路。

企业生产活动的目的是为了提高生产效率，即以较小的输入获得较大的输出，这里所指的输出不仅是提高产量，而且包括提高质量、降低成本、保证交货期，同时还包括安全环境保护和员工士气。所有的生产、质量、成本、交期、安全、士气等这些方面的输出无不与设备有关，因此，其设备管理的重要性随着 TPM 管理活动的深入越来越凸显。

如何提高设备的综合效率，降低因设备维护不良造成的"六大损失"（开机准备的损失、不良返工的损失、速度降低的损失、瞬间停止的损失、转换调整的损失、设备故障的损失）成为设备管理部门的一大课题，也是一大难题。这一大课题在 TPM 管理活动中可以通过生产线小组的主题活动和管理人员的课题活动，有组织分节点地去解决。看待问题的角度不同，所得到的结果也是大相径庭的。利用 TPM 管理活动加强对设备的管理是十分必要的。

TPM 管理、设备管理都强调实践，强调有敏锐的观察能力，需要树立问题意识和改善意识。管理活动的重要性在于培养人，通过工作业务的实践培养人，培养处理现场问题的专家，培养员工型专家，将每个人的能力发挥到极致，用规范赢得利润。可以说 TPM 管理的目的之一也是为了培养有管理能力、技术能力、有素养的新一代企业员工。

☞TPM 给企业带来的效益

TPM 给企业带来的效益体现在产品成本、质量、生产率、库存周转、安全与环境保护以及员工的劳动情绪等方面。

下面的许多实例就是证明。

日本的西尾泵厂在实施 TPM 之前，每月故障停机 700 多次。在 TPM 推行之后的 1982 年，已经做到无故障停机，产品质量也提高到 100 万件产品中仅有 11 件次品，西尾泵厂被誉为"客厅工厂"。

无独有偶，日本的尼桑汽车公司 1990~1993 年推行 TPM，劳动生产率提高了 50%，设备综合效率从推行 TPM 前的 64.7% 提高到 82.4%，设备故障率从 1990 年的 4740 次减少到 1993 年的 1082 次，一共减少了 70%。

加拿大的 WTG 汽车公司从 1988 年开始推行 TPM，3 年时间里，其金属加工线每月故障停机从 10 小时降到 2.5 小时，每月计划停机（准备）时间从 54 小时降到 9 小时；其活动的生产线废品减少 68%，人员从 12 人减到 6 人。

目前推行 TPM 的企业已经遍布全球各地，例如在韩国，20 世纪 80 年代初 2267 家公司中已有 800 家开始推行 TPM 管理。日本为表彰 TPM 推广成果，设立 PM 奖，除日本和日本在海外的子公司获得此项奖之外，自 1991 年以来，如简特、沃尔伏、贝尔时、皮埃里和福特汽车公司等 42 家公司获得过 PM 奖。

国内一些著名企业，如一汽大众、上海宝山钢铁集团、广东科龙电器集团、天津新伟祥工业制品有限公司、辽宁鞍钢集团、青岛海尔集团、四联控股、中国二重、华电重工等也引进了 TPM 管理模式，并取得了明显成效。

养成员工的自律习惯

TPM 活动的重要思想之一是"从小事做起，从我做起，认真、讲究地做好每一件事情"，这种思想使得员工形成人人认真做事的习惯，养成遵守每一种规则的习惯。

来看下面的案例：

某制造企业生产车间 A 区装配组在开展 TPM 活动之初，召集所有员工开会，会议主题是提高设备的全面性能，降低物料损耗，提升产品工作效率。

为了让每一位员工了解并积极参与设备维护保养，养成良好的习惯，该企业在 2016 年 2 月开展 TPM 活动月竞赛活动。活动时间定在 2016 年 2 月 1~28 日。活动口号是"设备保养、全员参加、设备管理、一路有你"。

此次会议不仅把事业部领导的要求以及 TPM 的全部内容传达到每一位

员工，而且取得了预期效果。会议结束后，所有员工都积极行动起来、参与进来，致力于保养好 A 区的设备，充分利用好 A 区的设备，让生产的设备一直处于高效率状态，让暂时没有开的设备一直处于正常状态，随时能为车间、公司效力。

事实说明，员工的自律性素质提高了，人人自觉，才能确保 TPM 活动的有效进行。

☞员工自律的含义

员工自律的三层含义如表 1-2 所示。

表 1-2　员工自律的三层含义

序号	内　　容
1	理解规则并自律，使自身行为标准化和规范化
2	运用规则解决问题，学会运用职业规则解决业务问题和各种冲突
3	职业化规则内化为员工的一种心理契约，大家共同遵守

对于企业开展 TPM 活动来说，TPM 小组活动是员工自愿参与的，在业务中相互交换情报与信息，共同提高，并谋求解决问题的方法的自律性小组活动。如果只是少数人的活动或者为了应付领导和客户检查而搞一些突击行动，那么，TPM 是绝对不会成功的。

在 TPM 活动中，一个高度自律的员工应该表现为敬业、承担责任、注重团队协作、勇于创新和勤于学习。敬业的核心是热爱工作，把工作当作其生活的一个重要组成部分，能从其中获得乐趣。责任的核心是要把事情做对，敢于承担责任。注重团队协作，善于沟通、协调，而不是各自为政，单兵作战。创新强调的是持续改进，自我超越，突破思维局限，善于运用新方法和新流程。学习包括两个方面，一方面要持续提高自己终身就业能力；另一方面要总结教训，提炼经验，使之成为 TPM 小组内的经验与知识。

从更宽泛的意义上讲，自律就是培育心灵的力量。自律本身是一种智慧，一个高度自律的人，可以支配自己的激情、支配自己的命运，对于自律来说，极其重要的一点就是不能放纵自己的欲望。人是欲望的膨胀体，像海绵吸水般永不知足。自律是我们心灵的守护神，让我们恬静、安详、幸福地活着。面对狂躁的争执，我们要坦然自律，站在他人的角度上度量，不要只看到自己的对而拿放大镜瞧别人的错；面对利益的冲突，我们要肩担自律，想想他人的汗马功劳，自己的微薄之力，要知道谦让也是一种美德。

☞养成员工自律习惯的方法

让员工养成自律的习惯，在这方面，星巴克的做法给我们提供了一个学习借鉴的样本。

星巴克的做法就是将员工的自律精神转化成一种企业的习惯。

星巴克认识到企业的成功需要一种经营环境（向顾客传递一些快乐），在快乐的环境下，一杯美味的咖啡价值 4 美元也是合情合理的。所以早在初期，星巴克就开始研究如何指导员工调节自己的情绪，加强自律性，从而在提供各项服务的同时给人一种积极向上的感觉。除非服务生能将个人问题孤立于工作之外，否则有些员工的情绪会不可避免地大量掺杂到对待顾客的态度中。然而，如果雇员懂得如何保持精神的集中和自律，即使是在 8 小时轮班的最后一刻，他们也能一如既往地提供星巴克顾客所需的更高级别的餐饮服务。

星巴克还发现，如果赋予员工一些支配感，员工就能在工作中表现出更多的自律性。星巴克致力于为员工提供更多自主支配的机会。他们允许员工重新设计店里咖啡机和收银机的布局，允许员工决定欢迎客人的方式和商品的摆放位置。经理和员工在一起讨论搅拌机的摆放位置，这些做法在其他公司里可不常见。星巴克的副总裁克里斯·英格斯科夫谈道："我们开始要求员工发挥才智和想象力，而不是命令他们'把咖啡从箱子里取出来，把杯子放在这儿，一切按规定来'。人们想要掌控自己的人生。"

从安全管理的角度来说，星巴克让员工养成自律习惯的做法，其实就是培养员工好的"安全习惯"。即通过各项规章制度的落实，使工从他律到自律，从被动到主动，从而形成一种安全习惯。养成这种习惯不仅是对企业，更重要的是对自己的安全负责。

因此，员工在企业开展 TPM 活动中，要结合安全生产正反两方面的经验教训和自己的切身感受，从而加深在每次工作前都要"回顾"过去在类似作业中曾发生过哪些安全问题，有什么教训，"预想"现在可能会出现的问题，会不会存在什么安全隐患，这样才能唤起员工一丝不苟按章作业的紧迫感和危机感。

员工要树立"安全生产源于如履薄冰的危机感和使命感，听就听清，走就走到，说就说全，干就干实"的安全理念，让安全理念成为自己的行为习惯，要把着力点放在行为养成上，用安全理念规范日常安全行为的自觉性。企业方面要进一步提高员工群众的安全意识，"让安全成为一种习惯，让习惯变得更安全"，将平时强制性的安全生产变成员工的自觉自愿的自律行为。那么当这种行为变成一种习惯了，就不会有不安全的行为了。

把安全理念当成一种行为习惯，还要逐步确立起高度的安全责任感。事实上，生产设备安全事故不止一次地告诉我们，事故很多时候是因为我们的侥幸心理，来自于我们自以为安全的自我意识。事故确实有其不可避免的偶然性，但如果我们事先稍做一些准备，以一万的准备来预防万一的发生，那么事故发生率完全可以大大降低。只要真正把安全生产意识放在心中，始终有一种责任感，那么，安全就可以做到，事故就可以预防。

培养员工成为复合型人才

传统的生产运作主要依靠详细的劳动分工，如操作员只会机器的操作，如果机器出了故障，生产就停止，等到维修人员修好机器后才能重新开始操作，这样势必影响到企业的生产产量和经济效益。

而 TPM 活动的基本要求是全员动员起来，掌握设备的操作和维修，以高水平的设备操作和经常性的设备维护相结合的方式来提高企业效率。这些要求自然促使每个员工成为熟练操作机器和维护机器的复合型人才。

何谓企业复合型人才？简而言之，就是一个人要能具备两个及以上的职业所具备的素质及能力。它包括知识复合、能力复合、思维复合等多方面，不仅是某个专业技能方面要有突出的经验，还需在相关领域具备较高的技能。其特点就是多才多艺，既在某个专业领域有一定的实践经验，也具有一定的理论知识。要成为一个复合型人才是非常不容易的，一方面，员工个人需要多方面的学习和长期的实践积累；另一方面，企业要注重培养复合型人才。

☞员工：积极累积本职业相关的知识技能

员工自身打造"全才"型的复合能力有多种途径和方法，在这之中，积极累积本职业相关的知识技能是重中之重。

多数用人单位对复合型人才的要求较以往有所变化，主要体现在能力方面，特别是更加强调理性与务实，已经从重视人才的学历转变为重视人才的工作经历和工作经验。聪明人会非常积极地利用、寻找各种机会来进行职业实践、职业拓展。如积极协助同事的工作，主动寻找额外的工作机会，争取更多的轮岗机会等。与此同时，可以有针对性地参加各种进修、专业培训，这样可以帮自己更快一步成为复合型人才。但同时，能力方面的培训不可盲目，应该是有针对性地制订培训方案。如果自己不能做出明确的判断，应及时寻求专业机构的帮助，避免误入歧途。

☞企业：岗位轮换培养复合型人才

企业培养复合型人才的手段是多方面的，其中岗位轮换是一种效果显著的方法。

日本马自达公司，有一个时期因为经营状况不好，本来需要裁人，但他们又不忍心裁人，于是让本应下岗的员工都做直销，推销自己企业的汽车。后来统计分析那些销售量最大的人员，前十名竟然原来都是搞设计的。因为这些人对技术有深入的了解，面对顾客的疑问解释得更清楚，使客户更愿意相信他们。这些人后来在公司状况好转以后又回到设计岗位，他们在推销时获取的市场信息对他们的设计同样也十分有帮助。

新员工在各个岗位上轮流观察一段时间，亲身体会不同岗位的工作情况，为以后工作中的协作配合打好基础。对于管理骨干更要实行岗位轮换，对业务全面了解，提升对全局性问题分析判断的能力，开阔眼界，扩大知识面。销售部门和设计部门的人员也可以多沟通交流，不断完善新产品。

笔者在日资企业工作的 16 年里，几乎每 2 年就进行一次岗位轮换，担任过生产管理部副部长、生产管理课课长、生产技术课课长、品质保证课课长、组装课课长、机加课课长、制造管理课课长、设备课课长，并兼任过 ISO 推进室室长、TPM 推进室主任、6S 事务局局长。这样的经历使得笔者在不同工作岗位工作时，能多角度考虑问题，同时解决问题的能力也大有提升，也为现在从事的培训咨询工作打下了非常坚实的实践基础。

追求"零化管理"

在 TPM 活动中，"零化管理"意味着在现场现物条件下，实现"零灾害、零不良、零故障"，将所有损失在事先加以预防；在质量管理活动中，"零化管理"意味着给顾客提供"无缺陷"产品；在间接部门工作中，"零化管理"意味着在所有的业务内容、格式、文字中要实现"零出错"。这些"零化管理"的思想要求企业的所有干部和员工树立"零错误"的思想，追求"十全十美"的作风。

故障是指设备丧失了某些规定的功能。故障的种类可按以下方式划分：功能停止型故障、设备突发性停止型故障、功能降低型故障。功能降低型故障虽可以动作，但加工能力下降或导致其他损失。现实中，因设备故障导致的事故多有发生。

2016 年 9 月 2 日 5 时 44 分，某矿山机械厂分厂破碎机开机生产，21 时 12 分，当班巡检人员发现 1 号长皮带尾部有漏料现象，随即拉动拉绳开关对 1 号长皮带进行了紧急停机，并向分厂负责人进行了汇报。经总公司技术团队的现场检查确认，事故发生的主要原因如下：

第一，1 号皮带机的尾部的衬板螺栓在运行中松动断裂，造成衬板脱落，衬板通过下料口格网（间隙较大）砸破皮带卡在导料槽和缓冲托辊之间，导致长皮带撕裂。螺栓松动断裂导致衬板脱落是造成该起事故的直接原因。

第二，经核实，分厂曾于同年的 8 月 31 日组织人对石灰石破碎机进行了检修（更换了破碎机转子），但对破碎机衬板螺栓检查和确认不到位，未及时发现衬板螺栓的松动和断裂情况，导致开机后不久，衬板因螺栓断裂而掉落，这是该起事故发生的主要原因。

第三，当班操作员技能不强，对电流等参数的异常变化不敏感。当晚的 21 时零 5 分矿山 1 号长皮带由于尾部卡衬板，导致电流异常升高（由 180A 逐步上升到 302A 并持续 7 分多钟，正常电流在 180A 以下），而当班操作员未能及时发现并关停长皮带。同时，衬板卡在托辊支架上，使皮带防撕裂开关未起到保护作用，也是该起事故扩大的重要原因。

第四，分厂对设备事故防范重视不够，未认真吸取前期公司发生的同类型的事故教训，落实相关防范整改措施不到位、对关键岗位人员基本操作培训落实不到位、专业管理人员职责履行不到位是该起事故发生的重要原因。

事故发生后，总公司和分厂组织人员及时抢修，于 9 月 9 日 15 时恢复正常运行。

事实说明，对设备进行彻底的预防维修，定期检查，并研究其自然劣化的周期，及时予以修理、更换是十分必要的。那么，在 TPM 的展开过程中如何杜绝因故障导致的事故呢？

☞创造生产现场的变化

企业在推行管理策略中，要想让员工能够积极踊跃地参与，最为关键的要素就是要营造生产现场改善活动的氛围，并消除员工的认知盲区。也就是说，管理者通过营造氛围，让员工在第一时间看到并感受到这些变化，从而让他们增强改善活动的信心，以便提高工作效率。

☞引导员工积极参与改善

如何引导员工参与企业的改善一直是个值得讨论的问题。因为企业在改善中仅仅依靠几个管理者的力量显然不能够实现目标，在这种情况下就需要让员工参与到企业的改善中，这样才能发挥出最好的效果。但是，究竟应该如何引导员工呢？

其实，要想让员工参与到改善中，就需要让他们感受到企业的发展动力，以及自身在企业中的价值。如果员工在企业中看不到发展前景，或者自己的价值无法在企业中得以体现，那么他们就不太可能和企业一起进行改善。因此，企业应该鼓励员工，并给予他们足够的信任，这样才能激发出员工的热情，以便让他们加入到改善的行列当中。

☞企业应该不断地提出更高的目标

想要让 TPM 活动执行的效果更好，企业应该掌握循序渐进的原则。可在现实中一些企业却经常犯这样的错误：一开始就将目标定得非常高，员工不仅会产生遥不可及的感觉，还会丧失改善的信心和动力，目标没有完成，员工还会受到处罚，最终企业的改善活动也将受到影响。

其实最科学的方法是不断提出更高的目标，而不断提高目标的过程需要循序渐进，企业应该根据改善执行的情况，在适当的时机提出不同的目标，逐渐提高目标层次，从而提高效率。

第二章　TPM 管理体系介绍

TPM 管理体系的建立是通过对 TPM 管理的特征进行分析而组织建立起的一个有机整体，TPM 管理体系的形成能够加速 TPM 管理的推行，其效果取决于这个体系的运转效率。因此，在建立 TPM 管理体系之前，我们有必要了解 TPM 管理体系的产生与发展，了解 TPM 管理体系要解决的核心问题及其特征，全面把握设计 TPM 管理体系的关键性因素，弄懂如何构建适合本企业实用的 TPM 管理体系。

TPM 管理体系的产生和发展

TPM 管理，即"全员生产维修"，20 世纪 70 年代起源于日本，是一种全员参与的生产维修方式，其要点就在"生产维修"及"全员参与"上。通过建立一个全系统员工参与的生产维修活动，使设备性能达到最优。目前，MBA 及 EMBA 等现代管理教育课程中均对 TPM 管理方法有所介绍，可见 TPM 管理的重要性。

☞TPM 管理模式的产生

美国的 W. 爱德华·戴明博士是世界著名的质量管理专家，他在"二战"后不久就到日本开展工作。他最初只是负责教授日本人如何在其制造业中运用统计分析，进而如何利用其数据结果，在制造过程中控制产品质量。最初的统计过程及其产生的质量控制原理很快受到日本人职业道德的影响，形成了具有日本特色的工业生存之道，这种新型的制造概念最终形成了众所周知的全面质量管理（Total Quality Management，TQM）。

当 TQM 要求将设备维修作为其中一项检验要素时，发现 TQM 本身似乎并不适合维修环境。这是由于在相当一段时间内，人们重视的是预防性维修措施，多数工厂也都采用预防性维修，而且通过采用预防性维修技术制定维修计划以保持设备正常运转的技术也已成熟。然而在需要提高或改进产量时，这种预防性维修技术时常导致对设备的过度保养。

预防性维修的指导思想是"如果有一滴油能好一点，那么有较多的油应该会更好"。这样一来，要提高设备运转速度必然会导致维修作业的增加。而在通常的维修过程中，很少或根本就不考虑操作人员的作用，维修人员也只是就常用的并不完善的维修手册规定的内容进行培训，并不涉及额外的知识。许多公司很快意识到，要想仅仅通过对维修进行规划来满足制造需求是远远不够的。要在遵循 TQM 原则的前提下解决这一问题，需要对技术进行改进，以便将维修纳入整个质量过程的组成部分之中。

20 世纪 60 年代后期，日本的一位汽车电子元件制造商——Nippondenso 将 TPM（全员生产保养）技术引入维修领域。后来，日本工业维修协会干事 Seiichi Naka Jima 对 TPM 做了界定，并目睹了 TPM 在数百家日本公司中的应用。

☞TPM 管理模式的发展

TPM 的历史可以追溯到 1951 年。1951 年以前称为事后保养时代（BM），之后又经历了预防保养时代（PM）、改良保养时代（CM）、保养预防时代（MP），继而出现全员生产保养时代（TPM），到 20 世纪 80 年代又被称作预知保养时代（TPM）。如图 1-1 所示。

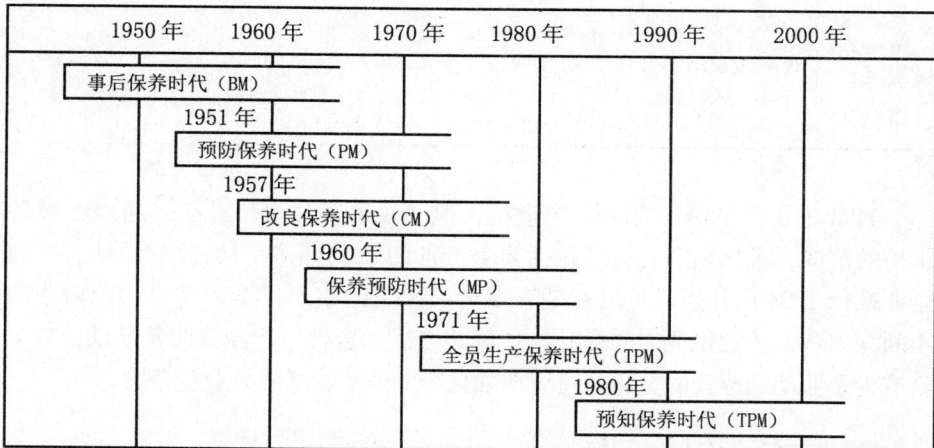

图 1-1　TPM 的发展历程

下面对图 1-1 中的内容逐项介绍。如表 1-3 所示。

表 1-3 TPM 的发展历程

事项	内　　容
事后保养时代（BM）	1951 年以前，工厂对设备几乎没有什么保养，人们对设备只是使用，并不进行精心的维护，一直使用到设备出现故障再进行维修。这种使用方法会造成设备的损坏，并且会降低机器的使用寿命。因此，这种保养方法亟待改善
预防保养时代（PM）	1951 年，美国人最先提出了预防保养（Productive Maintenance）的概念。预防保养主要对机器设备进行一些简单的维护，比如定时上油、经常擦拭灰尘、更换螺丝螺母等。这些简单的保养对延长设备的使用寿命确实有益，但这是远远不够的
改良保养时代（CM）	1957 年，人们开始对原来的保养方法进行改良，根据设备零件的使用周期定期更换零件，使设备运转更加正常。根据零件的使用周期，在零件使用寿命到期之前更换零件，既有效地利用了零件，又防止了故障的发生
保养预防时代（MP）	从 1960 年开始，进入了保养预防时代。人们不但对设备进行保养，而且把保养和预防结合起来。通过对设备的运行情况进行记录，根据设备的运行情况（比如声音、颜色的变化）可以判断设备是否正常工作
全员生产保养时代（TPM）	1971 年，日本人引进了 PM 活动并将其改造成为现场部门的 TPM 改善活动，即开始注重全员参与（Total）。在全员保养时代与保养预防时代的区别就在于所有的员工都应该对设备保养负责。此时的 TPM 主要以生产部门为主
预知保养时代（TPM）	进入 20 世纪 80 年代之后，TPM 活动已经超出了设备管理的范畴，开始扩展到整个公司的改善活动。目前，TPM 全面改善活动已经逐渐被世界各大企业所接受和运用

TPM 的历史虽然仅有半个多世纪，但它发展得却很快，已经超出了设备维护的范围，进化到全公司（包括非生产部门）、全员参与的改善活动。当前企业推行 TPM 最佳模式是以初期开展全员参与的生产保全活动，随着活动的不断深入和人的意识能力的提升，TPM 将变成综合性生产经营改善活动，TPM 就成为企业革新改善的文化，持续地强化企业体质，增强企业竞争力。

☞新一代 TPM 的目标

新一代的 TPM 以减少设备损失为基础，力争达到的目标如表 1-4 所示。

表 1-4　新一代 TPM 的目标

序号	内　　容
1	检查和弄清本企业的总损失情况
2	弄清本企业的利润损失
3	搞好本企业的维修基准
4	建立短、中、长期发展规划
5	优化 PQCDSM（产量、质量、成本、交货期、安全与劳动情绪）
6	进行盈利企业的变革，生产减少而利润增加
7	明确观念，即对企业、生产线、设备及人员制定 3~5 年的明确目标，而且用数字表明
8	管理者的思维变革；改进管理能力，如领导、行动、决策和逻辑能力
9	生产现场的变革，即操作工人的思想变革
10	取得 ISO9000，ISO14000 等认证

把上述新一代 TPM 的目标归纳成三句话，即改进和加强企业文化；建立新型企业；建成有魅力的企业。

TPM 管理体系要解决的核心问题

在企业生产现场，陈旧的设备、频发的设备故障、杂乱的物品摆放、低落的员工士气……这些状况常常让企业管理者无奈地摇头，好像这些是永远无法解决好的事情。如果采用 TPM 管理体系，则可以有效地解决这些问题，比如下面这个例子。

某铸造有限公司在转型的黄金阶段，贯彻 TPM 管理思想，在改变设备粗放式落后管理方式上取得了显著成效。

比如，为了能够流程化地解决批量废品问题，该公司加工车间就此问题召集车间管理人员以及辅助员工开会进行讨论，决定利用 TPM 思想以及项目管理思想，立项解决这个问题。TPM 思想中，强调全员参与。车间联合生产部、技术部、设备部以及品控部对这个项目进行共同跟进。生产部在工作标准上给予支持，技术部在工艺分析上给予支持，设备部在设备问题、TPM 应用方法、项目管理上给予帮助，品控部在产品质量控制上按标准给予检测支持。

在解决问题的过程中，TPM 思想起到了支柱作用。加工车间是第一批 TPM 推进车间，在 TPM 推进上一直积极响应。车间内的 TPM 活动小组对废品情况进行多次讨论，认为出现废品的主要原因有以下几点：设备精度、调整工调整、工艺执行。解决问题要从"六源"（污染源、清扫困难源、故障源、浪费源、缺陷源、危险源）查找，为此，几个小组分别提供相关分析材料，从污染源到危险源，大家积极提报，积极地去想着解决问题。车间也经常召集小组长开会，汇总近期的成果。一次，质检员抽查质量时发现，2 号机台生产的产品出现批量废品，就这一事件组织车间主任、调整工、巡检员、小组长以及 TPM 联络员进行小组讨论，分析原因。得出的结论是，调整工换产品时，没有将丝套调整好，紧固好，故而产生批量废品。最终重新调整丝套，测量合格后进行加工，并指导操作者如何自行调整。出现问题不麻烦，麻烦的是一而再、再而三地出现同一个问题。为避免再次出现此类问题，车间将此问题编成手册进行班组学习。大家对此纷纷表示之后会避免类似事故发生。这就是 TPM 带来的良好效果。

在自主点检方面，加工车间准备的"TPM 自主维护工具"也派上大用场。之前操作者在自主点检时发现的小问题会顺手自己解决，但是工具要去找材料管理员要，有时前一个人拿来工具用完就随手一扔，当下一个人用时就找不到。现在有了自主维护工具橱，并根据"6S 现场管理方法"中的"定置化管理"要求去标明工具的位置以及数量，并要求用完放回。这样节省了找工具的时间，一目了然，方便快捷。

项目实施过程中，加工车间月平均吨损失小于或等于 30 元/吨，车间月平均合格率大于或等于 99%。虽然现在车间的质量问题还是时好时坏，还不太稳定，但是明显感觉到在项目进行过程中，批量废品问题这层坚硬的外壳正一点点地被 TPM 这把利刃切开。每个人都看到了解决问题的希望。

就如我们常见的"问题冰山"模型，露出海平面的部分是我们可以看得到的，企业"冰山下面的问题"就是上面所述的困扰管理者的现场问题。而这只是整个"问题冰山"显现出来的很小的一部分，更多的问题是隐藏在我们管理者无法通过视觉、听觉感受到的海平面下，这些问题包含无法提升的生产效率、过量的库存、延迟的交货期、不断的设备停机等。而 TPM 管理体系就是解决这些现场问题的利器。

☞通过实施 TPM，解决现场问题

在"冰山"最里面的核心问题，就是形成"冰山"即上述种种生产问题的根源，企业管理者往往不能够一开始就发现或预见这些问题，只能够通过一步步解决看得见的问题，暴露隐藏的问题，最终才能够找寻到问题的根源，并进行解决。

TPM 通过一个五阶段的实施步骤，完成对"问题冰山"的逐层剥离，逐渐融化。如表 1-5 所示。

表 1-5　实施 TPM 现场管理的五个步骤

步骤	实施要领
初期清扫	此阶段通过对现场的彻底 6S 以及对设备的修理修复，将工作场所变成一个整齐洁净、舒适美观的现场。通过第一阶段的实施，最重要的作用是改变了员工的认识，提升了大家的意愿，强化了大家的执行力，并在实施过程中培养了员工发现现场问题的能力
问题对策	在改善过程中，往往就会暴露出之前无法看到的问题，通过实施 TPM 现场管理对其解决，对身边的内容着手进行改善，能够取得实质性的效果。在此阶段也可以逐步培养出员工的改善能力
总点检	这一阶段的重点是让员工深入了解设备，了解与自己朝夕相处的生产现场，并以点检的形式形成自主管理模式，通过标准化的日常管理，建立一个防患于未然的机制。员工参与管理的意愿和现场改善能力的提升，为最终建立自主管理体制奠定了坚实的基础
提高点检效率（目视化管理）	为了更好地实施 TPM 现场管理，应该建立一个看得见的管理模式，让大家一目了然。这个阶段就是以此为目标，利用目视化管理这个工具，提高点检效率，提高劳动生产率
自主管理体制建立	通过企业长时间推行 TPM，就可以实现理想目标，建立一个全员参与的自主管理体制。在这个体制下，员工不但可以自己解决各种各样的"冰山"，并且还能够积极防止"冰山"的产生，达到故障、不良、浪费为"零"的目标

☞实施 TPM 现场管理应该遵循的三项原则

TPM 作为一种管理工具，它不仅有自己的使用方法，还有自己的使用原则，如果只是了解方法而没有遵循原则，就会使其变成空中楼阁，无法真正贴合现场。其使用原则如表1-6所示。

表1-6　实施 TPM 现场管理应该遵循的三项原则

序号	内　　容
1	TPM 强调的是全员参与，也就是说，在企业里上至总经理下至一线员工都需要参与到 TPM 推进过程中，尤其是企业领导，更要有一种"我是领导，我来示范"的理念。每个人都有自己的职责担当，每个人都应该去了解、去掌握 TPM 的知识
2	我们做任何事情都不是一蹴而就的，同理，在 TPM 开展过程中，我们也是要按步骤，有计划地实施。好的结果来自好的过程，在实施过程中，提升我们自身的能力，并服务于 TPM 的深入开展
3	实施 TPM 是一个"筑城墙"的过程，这个过程不是简单地用推土机就可以推出来的，而是需要铺一层夯实一层，然后再铺一层再夯实一层。只有这样才能经受住风霜雪雨，"筑城墙"才能屹立不倒

☞TPM 管理体系对人与设备的体制改善

先进的设备管理是制造型企业降低成本、增加效益的最直接、最有效的途径。TPM 的主要目标就落在提高设备效率上，即着重限制和降低损失。

任何企业的综合生产力是以投入和产出来衡量的。要提高生产力，思路之一是花钱增加设备投资和技术改造；思路之二是不花钱或少花钱，靠人、机械、方法充分协调的 TPM 活动。

TPM 是需要全体员工参加的，以设备最有效利用为目标，由自主保全、专业保全、预防维护等综合构成的全员生产维护机制。通过实施 TPM，让操作人员学习自主保养能力，保养人员学习高度专业的保养技巧，以及让生产技术人员设计具有免保养的设备计划能力。也就是说，想要杜绝工作场所中的一切损失，必须将设备与人进行一番改造。即使在事务、设计、营业、研究开发等管理相关部门，也可通过改善人与组织达到 TPM 改善企业体质的目标。通过人与设备的改善进而改善企业，这是企业努力的目标。

TPM 管理体系对于人和设备的改善具体体现在两个方面，如表1-7所示。

表 1-7　TPM 管理体系对于人和设备的改善

事　项	内　　容
对人的改善	一是操作人应当具有自主保全的能力；二是保全人员应当具有机械设备的保全能力；三是生产技术人员应当具有对不要保全的设备的计划能力
对设备的改善	一是对企业现有设备的效率化的体制进行改善；二是对新进设备的寿命周期成本的设计以及实施

TPM 管理体系所独具的八大特征

TPM 管理体系是在系统分析 TPM 管理特征的基础上建立的由组织机构、管理职能、方针、目标、制度、活动、方法等组成的推进 TPM 管理的有机整体。因此，企业建立 TPM 管理体系并使之有效实施，就必须全面分析 TPM 管理体系的特征。

☞全员性特征

TPM 管理要求企业从最高领导到生产第一线作业人员的全面参与。事实上，对于任何一家企业来说，仅靠某个管理部门或是几个人来抓，是无法把住质量关、成本关、设备维护关、安全生产关的，必须把所有员工都发动起来，充分调动其积极性、主动性和自觉性，实现群体参与，才能使推进 TPM 管理工作开展起来并坚持下去。全员参与是 TPM 管理体系最基本的特征。

☞目标性特征

人类的每一项活动都是为了取得一定的成绩，达到一定的目标。TPM 管理也不例外，它的目标就是要不断追求企业生产效率的最大化，全面提升企业的综合实力。具体来讲，TPM 管理是通过对设备损失（故障损失、工艺调整损失、突停和空转损失、速度损失、废次品损失、开工损失）和生产现场的一切不良因素实施持续的改善，努力实现"5Z"（零事故、零故障、零缺陷、零库存、零差错）的目标，从而达到最佳的设备综合效率和企业经营效益，提高企业的市场竞争能力和应变能力，最终达成"3S"（员工满意、顾客满意、社会满意）的可持续发展的企业，其目标是明确的。

☞系统性特征

所谓系统性，就是 TPM 管理涉及企业生产系统的全方位和全过程。TPM 把设备包括引进、安装、调试、使用、维护、维修、改造，直到报废更新的各个阶段作为管理对象，涉及设备的各个子系统以及设备的每一个部件、零件，构成以事后维修、预防维修、改善维修和维修预防为主导的全系统生产维修体系。同时，TPM 要求对设备环境、车间以及整个生产现场实行清洁化、定置化、目视化和文明化的管理。

☞集合性特征

TPM 管理由一些相对独立而又相互依赖的活动内容组成，这就是我们所说的 TPM 八大支柱，即个别改善、自主维修、专业维修、初期管理、质量管理、安全与环境管理、事务改善和教育培训。这些活动既有区别又有联系，相互制约又相互促进，例如，维修管理影响着环境管理，环境管理又影响着质量管理，各项活动相互交织在一起，形成了一个错综复杂的链和环。

☞整体性特征

虽然 TPM 管理的每一项活动内容都是可以量化的，各自具有其独立的功能，但是由于这些活动都是有组织、有系统的活动，它们几乎都难以独自充分发挥其效能。因此，单纯追求某一个目标是没有意义的，必须使这些活动形成一个集合，统一和协调于 TPM 管理的整体之中，围绕着 TPM 管理的目标，共同发挥各自的功能，这样才能构成完整的有机整体，形成一个总体效应。

☞开放性特征

作为当代企业管理的重要组成部分，TPM 管理处于整个企业管理的大环境中，因此 TPM 管理必将受到企业资源条件、环境条件、人员素质、管理方法和管理手段的影响和作用，同时，TPM 管理状况也将作用于和影响于企业管理及其他各项专业管理。由此可知，TPM 管理与所处的环境之间既有输入又有输出，相互渗透，相互促进，每一次输入、输出过程的完成，都应使企业管理、专业管理及 TPM 管理水平有所提高。

☞动态性特征

对于 TPM 管理的要求，在一定时间内是相对稳定的，但是随着企业管理水平的提高和企业生产经营活动的发展，特别是我国加入 WTO（世界贸易组织）后企业直接面对的世界经济全球化和国内市场国际化的新挑战和新环境，TPM 管理也应与之相适应，不会也不应该停滞在一个水平上。TPM 管理始终处于动态的 PDCA 循环（又叫质量环，是管理学中的一个通用模型）过程中，才会有生命力，才会有效地发挥其独特的功能。

☞持续性特征

企业追求 5Z 目标和效率最大化的完美境界是无止境的，因此企业推进 TPM 管理不是突击性的、临时性的工作，不可能一劳永逸，它是一项连续不断的、持久的、艰巨的管理活动，稍有松懈，就有可能前功尽弃。因此，推进 TPM 管理必须思想上重视，工作上狠抓，切实下大力量，常抓不懈，才能推动企业管理水平的不断提高。

综上所述，推行 TPM 管理是一项复杂的系统工程，企业要想成功推行 TPM 管理，必须从整体优化出发，考虑到各项活动之间的相互影响和制约，做好系统研究、系统规划和系统设计。

设计 TPM 管理体系的关键性因素

TPM 管理体系是建立在 TPM 管理的特征上的，是由组织机构、管理职能、方针、目标、制度、活动、方法等共同组成的。能否有效实施要看其管理体系的形成是否有效运转，因此在设计 TPM 管理体系时必须了解其关键性因素有哪些。

☞确立活动体系

设计一个什么样的活动体系是企业推行 TPM 管理首先要考虑的问题。由 TPM 管理特征可知，TPM 的活动内容非常复杂和庞大，企业不可能一下子把它们全部抓好，只能一件一件地做，一步一步地深入下去。因此，在设计活动体系时切忌"一刀切"，要以"总体规划、分步实施、全面推进、重点突破"为原则，抓住关键和薄弱环节，突出重点和难点。

考虑到与 ISO9000、ISO14000 以及 TQC 活动之间融合性的问题，我们可以选择点检定修、改善提案、自主维修、教育培训等作为活动体系的主要支柱，并以 6S 活动为突破口，这样一般能够在较短的时间内使推进工作取得明显的效果。

☞建立组织体系

强有力地推进组织是推动 TPM 管理体系有效运转的重要保证。一般来说，要建立公司、分厂、车间、班组四个层次的推进组织，其关键是落实各个层次中每一个员工在 TPM 活动体系中的职能。

以公司级推进组织为例，公司 TPM 推进委员会的基本职能是：制定 TPM 方针，批准推进计划书；评价改善效果；召集年度 TPM 大会；审议和决策公司推进工作的重大事项。

公司 TPM 推进委员会要下设办公室，作为日常管理机构，其基本职能是：制订 TPM 目标计划，确定推进方法和方案；策划、主导整体推进活动及各项活动任务的部署；制订培训计划，组织实施员工教育培训；制订考核评价标准，并主持评审；协调处理各种与推进活动相关的其他事项。

分厂、车间的组织职能与公司的相似，总之要分工清楚，责任明确，以形成各级组织责任人齐抓共管、密切配合、全员参与的局面。

☞制订方针目标

方针目标是 TPM 管理体系的导向，能够引导和激励全体员工不断追求，并有利于 TPM 管理职能的落实。制订 TPM 方针要注意以下几点：与企业的发展战略和宗旨相适应；抓住要点，向全体员工表达出推进 TPM 管理的方向、期望、信心和决心；尽量使用简明易懂的语言，使全体员工理解明白。

TPM 目标是 TPM 方针的具体化，制订 TPM 目标要符合以下原则：一是明确性。目标要明确可操作，不可含混不清。二是可量化。目标必须具体化，可以用一定数据指标来表示。可量化的目标能让员工知道要做到什么程度，现状距目标还有多远，从而激发其热情和能动性。三是可达成。目标设定要在对现状进行充分调查研究的基础上进行，不可盲目设定目标值。好的目标要在现有的基础上有所提高，经过努力是可以达到的。脱离实际过高的目标，会让员工失去斗志和信心。太低的目标，则失去了激励的意义和提高水平的机会。四是时限性。目标必须明确在什么时候完成，这样就会给实施者一定的压力，保证整体进度。有时限要求的目标，对考核评价也会有所帮助。

☞健全制度体系

健全制度体系就是要制定和不断完善推进 TPM 管理的各项规章制度、标准和管理办法，形成规范化的文件系统，使推进 TPM 管理的各项活动和各个环节有章可循、有法可依。如对设备的清洁、点检、润滑、保养等工作，尽管简单，也要研究制订相应的标准，这样的标准既是衡量工作质量的尺度，又是活动开展的依据。

除此之外，还要建立与上述标准相适应的检查评估体系。因缺乏对规章制度执行情况的检查、监督和评估机制，使规章制度只停留在管理层面上，没有落实到作业现场，这样的情况并不少见。因此，建立健全各项活动的检查评估体系至关重要。

☞明确推进工作程序

推进 TPM 管理是企业全员、全方位、全过程的管理活动，要使推进工作做到有计划、有部署、见成效，必须设计好推进工作程序，要将推进 TPM 管理的主要工作按照一定的时序展开排列，使之程序化、规范化。优化设计工作程序，有利于目标计划、管理运行、检查评估等一系列推进 TPM 管理行为连贯有序、协调一致、高效运行。

总之，TPM 管理体系的设计方案要成为现实，还需付出巨大的努力，必须进行组织实施及有效的控制，而且在实践中不断地改进和完善。

构建适合本单位实际的 TPM 管理体系

TPM 是一项全面追求企业生产效率极限的现场改善活动。要提高推进 TPM 管理工作的有效性，就必须深入剖析 TPM 管理的特征，构建适合本单位实际的 TPM 管理体系，并采取相应的对策措施来推动这一管理体系的有效运转，才能取得事半功倍的效果。在此方面，国内许多钢铁公司的做法具有参考价值。

国内某钢铁公司在 TPM 管理体系的策划、实施、运行和控制过程中，着重抓了以下几方面工作：

☞以 6S 活动为突破口，夯实 TPM 管理基础

针对冶金企业历来被人们视为"傻、大、黑、粗"和"脏、乱、差"的传统观念，他们选择了以 6S 活动为突破口，重点抓了三个专项整治：整治生产现场的"脏、乱、差"，以净化作业环境；整治设备的"跑、冒、滴、漏"和"脏、松、缺、锈"，以提高设备实物质量；整治厂区动力管网，以塑造全新的企业形象。

通过"三整治"取得了三个效果：一是强化了员工日常行为规范，营造了"人人积极参与，事事遵守标准"的良好氛围；二是通过公司在短期内发生的显著变化，增强了员工进一步搞好 TPM 管理的信心和决心；三是通过随时对生产现场进行调整和优化，保持了良好的作业环境和生产秩序，为 TPM 管理的成功推进提供了强有力的保障。

☞抓典型示范机台引路，带动一般，全面推广

仅仅把 TPM 管理局限在 6S 活动的整治范围内，认为 6S 活动搞好了 TPM 管理就搞好了是远远不够的。为了向更高的层次迈进，应采用"学习、对照、建典、推广、验收、巩固"的"十二字工作法"，按照"由简单到复杂，由单机设备到大型机组"的循序渐进的推进思路，培植树立水泵站、变电所、吊车、液压站、仪表室等典型示范机台，广泛建立与健全区域 TPM 管理责任制，对环境卫生、隐患处理、润滑紧固、周期换油、维护保养等所有工作全部落实到人头，充分体现全员参与的 TPM 管理理念。同时，通过召开现场经验交流会和开展达标竞赛活动的形式，将这些典型示范机台的经验推广和植根于全公司同类机台，起到了星火燎原的作用。

另外，主管单位还应把达标竞赛活动与经济责任制和年终评选先进有机地结合起来，极大地调动各单位"月创典型不停步，年攀先进新高峰"的积极性。

☞坚持周例会制度，突出推进工作的计划性

针对各单位设备运行条件和技术状况参差不齐的现状，应采取分阶段的推进方法，依据公司年度目标计划，每月制订《推进 TPM 管理月实施计划》。

为了确保月计划的上传下达、贯彻落实、信息反馈等一系列工作在一个

闭环的平台上运行，应坚持各单位 TPM 联络员参加的每周例会制度，并重点抓住三个环节：一是抓分解，将月计划进一步分解细化为每周按天的具体推进任务；二是抓落实，例会上逐项落实上一周推进任务的完成情况；三是抓协调，协调解决各单位计划执行过程中遇到的各种实际问题，进一步理顺了管理职责。通过这些努力，公司的周例会就能成为使公司推进 TPM 管理工作组织化、制度化和日常化的保证和纽带。

☞以建立健全标准化、模型化的点检定修体制为落脚点，抓好整章建制

为了规范生产、点检、协力三方的责权利，将点检定修作为 TPM 制度建设的落脚点，在全面推广"以专职点检为核心，以运行点检和操作点检为支撑"的"三位一体"点检模式的基础上，应组织专业人员对公司"点检标准及评价体系"的指标进行量化，形成一整套系列化、标准化、模型化的按岗位和机台全员参与的设备点检作业标准，并以此为中心，在全公司初步建立起"以点检为核心，以定修为重点，以大年修为辅助"的设备点检定修体制。

同时，应对《TPM 管理职责控制程序》等原有规章制度进行全面修订、整合、完善，确保每个员工身上有指标、有责任、有考核，实现 TPM 重心下移到机台的有效管理。

☞以照片、录像曝光为手段，严格检查，落实整改

严格按标准检查是使各项规章制度落实到现场的有效手段。因此，制订详细的检查推进计划，并在检查中遵循"敢于暴露问题，力求解决问题"的原则，采用照片、录像的形式，每周制作问题点曝光照片和录像片，每周在公司生产调度会上播放，摆脱以往单纯扣罚的模式，较好地实现了"三个结合"，即检查与指导相结合、检查与整改相结合、检查与树立典型相结合。

为了引导全员参与，还应制订并实施填报《周曝光信息反馈卡》制度，发动员工立足于本岗位和机台提问题、查隐患、抓整改、促转变，形成"照片录像、曝光、整改、评价""四位一体"的良性循环。

☞实施动态管理，做到持之以恒

坚持对 TPM 管理体系的运行实施动态管理。一是利用周例会及时征求

各单位的意见，及时调整推进方案；二是现场大量运用"推进 TPM 管理显示板"，使各个推进阶段的工作内容和管理目标快捷、准确地传递给现场所有员工，同时根据新形势、新任务，时时动态更新推进工作的各类信息；三是对于已达标机台，改变以往星级设备挂牌终身制的管理方式，采取颁发验收证书的办法，对其实施终身管理，即规定车间每季度复查一次，厂每半年复查一次，公司每年复查一次，并将复查结果记录在证书上，这种动态的跟踪管理能够确保达标机台得到长期的巩固和提高。

☞坚持以人为本，搞好教育培训工作

在推进 TPM 管理过程中，应始终坚持"始于素养，终于素养"的以人为本的管理理念，从培训和引导两个环节入手，通过建立健全员工上岗培训机制和开展全员参与的岗位技能培训，大大提升广大员工的自主维修能力和综合素质。通过组织现场观摩、征集成果论文、举办展示板巡展活动、在基层班组播放录像片、开展班前 5 分钟 TPM 理论学习，以及举办研讨会、座谈会、总结表彰会等多种形式的宣传和舆论引导工作，使广大员工对推进 TPM 管理在思想上达成共识，并积极参与其中，营造全公司的 TPM 氛围，为 TPM 管理体系的有效运转奠定坚实的群众基础。

导入 TPM 这一全新的管理模式后，经过扎实推进，公司面貌就会发生深刻的变化，进而有力地促进企业管理水平和综合素质的提高。

第三章　中国企业的 TPM 之路

中国企业与世界成功企业最大的差距在于没有持续提升的文化和机制，而企业管理者最大的困惑是缺少应对人才、办法和工具。TPM 以全系统的预防维修为载体，以员工的行为规范为过程，最终改善人与设备的体质进而改善企业的体质。中国企业的 TPM 之路究竟应该怎么走？本章讨论 TPM 在中国成功率不高的文化原因，展现中国企业推行 TPM 的要点，指出建立组织架构以推进 TPM 的必要性，分析 TPM 管理中各小组担负的角色，最后以某厂推进 TPM 的实践证明 TPM 是适合中国的。

TPM 在中国缘何成功率不高

TPM 应用了"系统"的观点来提升企业的管理，同时关注企业的文化、策略与执行运作。其中文化排在了第一位，可知企业文化对推行 TPM 的影响作用。事实上，TPM 的推进之所以在中国成功率不高，与企业的文化有着非常大的关系。

☞建设企业文化需要一个长期的过程

企业文化，或者确切地说是组织文化，是一个组织由其价值观、信念、处事方式等组成的其特有的文化形象。近 40 年的改革开放，在中国大地上造就了大批新的企业，有合资的，有独资的，也有私营的。然而这些企业都有一个共同的特点——成立时间短，管理人员、工人来自四面八方，没有共同的管理理念和行为方式，加上企业管理层忙于开拓市场、提高产能，而忽视了企业文化的建设，从而在员工中形成了很多陋习。而这些陋习长期得不到纠正，就会逐步积淀成企业文化的糟粕。与之形成鲜明对比的是，有着健康企业文化的公司则获得了长足发展。

当年湖北的东风康明斯纯粹是一家国有企业，根本就没有 TPM 的概念，也没有预防性维护、预知性维护的概念，只有简单的计划维护和事后维修。但是，它继承了东风公司企业文化的精华，设备故障率并不高，因为他们的设备保养（也就是我们现在所说的自主维护）做得非常好。每天下班前操作工要将设备加工产生的铁屑清扫得干干净净，上班前点检、润滑都做得非常到位，操作工与设备就像伙伴关系。尤其是他们的周末保养，每周五下午上至科长、主任、工程师，下至操作工，每人都分配一台设备保养，这种保养可以说做到了极致，设备科对每台设备都给予评级，并同保养人的奖金挂钩，执行得非常严格。

设备科的检查人员带着白手套检查，有一点油污都必须重新擦拭，然后重新检查，直到合格。这么严格的检查对现在很多企业来说几乎是不可能的，但在当时的东风康明斯执行得非常好，这跟企业的文化有着密切的关系。老一辈的员工是这么做的，企业领导是这么做的，对于新员工，师傅也是这么教的。在整个企业，所有的人都认为设备就应该这么保养，这种多年形成的习惯，就是好的企业文化的重要组成部分，这就是企业文化的力量。

要建设一个好的企业文化，好比塑造一个人的性格——急不得。企业好比人，企业的命运好比人的命运，是由性格所决定。要改变企业的命运就必须先改变企业的性格，要改变企业的性格就必须先改变企业的习惯，要改变企业的习惯就必须先改变企业的行为，要改变企业的行为就必须先改变企业的观念。而完成这一系列的改变，就是建设企业文化的过程。所以，一切从改变观念入手。

☞TPM 的实施与塑造好的企业文化是相辅相成的

现在很多企业的管理层对 TPM 的认识仅仅停留在设备维修保养阶段，实际上它涉及企业管理的方方面面，如果没有一个好的企业文化氛围，很多事情是很难推动的。

就拿自主维护来说，很多操作工甚至主管认为这是维修部门将自己的事推到操作工的头上，操作工只管操作不管维护是很多人的共识。要改变这种现状，除了加大培训力度外，还要形成一种从上至下的共识，而这种共识的形成绝对不是只靠一两个文件规定就能形成的，这需要企业上上下下不断反复强化，形成一种统一的思想。正所谓"思想决定意识，意识指导行为，行为形成习惯"，只有所有的人都形成了这种思想，然后才会愿意在工作中付诸实施，最后形成一种习惯，所有的这些习惯最后构成了企业的文化。

企业通常会面临两类问题，一类是管理问题，另一类是改善问题。管理的目的是维持，改善的目的是提升。中国企业与世界成功企业最大的差距在于没有持续提升的文化和机制，而企业管理者最大的困惑是缺少良策，缺少工具。TPM 的理论和实践，给企业提供了一个系统地在企业内推进持续改善、促进员工参与、实现自主管理的方法和机制。

TPM 追求的基本理念乃是"人员品质的改善"、"设备体质的改善"与"企业体质的改善"。近几年，对于人与企业体质的强化特别重视，即由早期单重设备保养转而重视全面的改善，这种转变对于企业资源的整合运用有着极大的作用，而所有这些也是塑造好的企业文化所追求的。

当一种文化被建立起来后，会成为塑造内部员工行为和关系的规范，成为企业内部所有人共同遵循的价值观，对维系企业成员的统一性和凝聚力起很大的作用，而这种作用对我们在企业内顺利推行 TPM 也有着非常大的帮助。

中国企业推行 TPM 的要点

推行 TPM 强调的是设备效率化的个别改善，确立自主保养体制、计划保养体制、保养预防体制，建立品质保养体制，加强教育训练，实现管理间接部门的效率化，对安全、卫生和环境进行管理。为此，中国企业推行 TPM 必须了解下述推行要点，将"规范"渗透到每一道工作程序中。将"精细"传递到每一个工作细节。

☞形象——你是最好的

美丽、漂亮不难，但显现出美丽才是难的事情。成功的印象比实际上的成功更有价值。因为印象是成功的垫脚石。没有垫脚石，成功不能登上圣殿。TPM，自 6S 之后，就把生产和设备现场的形象建设放在重要的位置上。有深度、高层次的 6S，始终把现场的整体美渗透在全员的心中。如果没有营造出员工一致认同的审美观，6S 管理活动就很难坚持到底，也难以彻底。印象要在每个员工心中，现场印象的改善从来没有尽头。形象的建立不只是让别人看见你和你的周围，而且是看见你所希望被看见的你和你周围的形象。

你的 TPM 永远要无声地告诉大家，不停地诉说：你是最好的。你以自己的持之以恒的行动不断地反映这个信息，并使之成为铁定的事实。你的确维持了最出色的生产线段或机台。日本"三美"电器公司追求产品之美、现场之美和工作之美，并以"美"给公司命名，可见该公司对"形象"的追求和用心。

☞实力——设备改造能力

印象必须以实力为后盾和基础。没有实力的形象迟早会崩塌。TPM 培训不断致力于员工文化技术素质的培养。员工对企业文化的理解，员工综合素质的提升，员工操作技能的熟练，员工对设备构造原理的了解，都可以使现场改善游刃有余，对现场之美有独具特色的审美和规范，使形象的构建成为可能的现实。

实力来源于对自我不足的分析和随后而至的企业培训和自我教育活动，实力来源于教育型组织的养成。赛格三星公司员工的窗口文化以及工人在计算机上制作的各种视板设计图样，是员工实力的体现。欧司朗佛山照明公司、浙江银龙机车公司员工的设备改造能力，使他们可以轻松实现企业形象再造工程。

☞统一——统一的 TPM 现场规范

统一、同一、一致是企业团队纪律和力量的源泉。在 TPM 推进中，定量化、目视化、色彩标志化，以及员工着装、行为规范以及考核评估体系应有统一的设计、统一的标准，可比性的评判和易于识别的特征。

在生产现场，尽管机台或生产线结构不同、动作不同、运行方式不同、维护保养技巧和难度不同、工作环境不同。员工素养有高有低，但一致认同的事物应该是统一的，如定置画线区域的内容定义，报警信号的意义，员工着装的颜色和样式，规范化作业指导文件的项目及格式，对 6S 的理解和解释，等等，这些都应该是统一、一致，无二义的。一支步伐整齐的军队可以引起大桥的共振，一个统一的 TPM 现场可以使工作差错、现场事故、设备故障、质量缺陷成倍降低，使一切变得整齐、有序、流畅、稳定。

☞生长——TPM 体系的进步

TPM 就像一个孩子，有幼稚、年轻和成熟的生长过程。就像人的成长要经历挫折、教训、失败、错误、改变、学习和演变一样，企业的形象同样要经历一条曲折的道路，而且造诣越高，成长的过程越曲折和艰辛。成长之中蕴含着未来快乐的种子。成长的过程也是能力扩充的过程。优秀的 TPM 不是一蹴而就的。由几代员工坚持下来的 TPM 体系，与最初的规范绝对不相同，现场的水平也绝对不同，但进步是一个台阶一个台阶走出来的。

成长过程一般可以划分为四个阶段：初期缓慢成长；快速成长；成熟之后的缓慢成长；最后的萎缩和衰败。那么，如何保持不断成长呢？就要在成熟后的缓慢成长时期，再画出一条新的生长曲线，这其实就是变革的开始。

☞差异——打造各个 TPM 现场的不同特色

当我们强调统一时，绝不意味着我们对差异视而不见，或要试图求同所有的差异。一个制造照明光源的工厂的灯丝绕制车间，是由冷加工（下料、绕丝）过程构成的；另外的灯泡、灯管制造车间，是由冷、热（玻璃焙烧、抽真空等）加工流程共同构成的。有的车间充斥着员工，还是劳动力密集的状况，有的车间则自动化程度很高，属于装置密集、技术密集状况。因此，即使是同一企业的 TPM，在各个车间也应有所差异。

企业中不同的车间、不同生产线段、不同部门工作性质的差异要求 TPM 的内容、过程和方法在不同的部门做出适应性的调整。在 TPM 的推进之初，即使是同样的部门，也允许差异和特色的存在。在 TPM 培训的规范阶段，我们不过是在寻找一个最优的方案加以推广。即使是在统一、同一的大旗之下，仍然允许有差异存在，允许某些特色的保留，TPM 活跃的小组活动，以各自喜好而命名，又以各自的创新活动而发展。没有一个小组会完全一样，也没有一个小组在不同的时期完全相同。小组活跃的挑战自我，挑战他人，活跃地创造着差异。差异反映了不同的形象特色。

☞研究——选择优化路径

TPM 的推行过程需要研究。目标和计划的制订需要研究，6S 活动的推进程序以及评估需要研究，规范的形式需要研究，合理化建议活动的程序化需要研究，整个 TPM 的考核评估体系更需要研究。正像一台机器需要设计一样，TPM 的每一个细节都应认真研究和设计，以便达到最佳效果。

研究是建立在对现场、现事、现物全面了解基础之上的。研究之前的调查，不断地深入现场是十分必要的。在充分掌握现事、现物的条件下，研究原理，确定原则，选择一条优化的路径。

☞连续——持续改进

TPM 的规范永远是原有规范的进步，而不是对原来规范的彻底否定。设备的改进和技术更新也是原有设备技术水平的提升和改良，"踩着别人的肩膀往上爬"是技术进步的必由之路。即使对原来生产系统的彻底改造，也是生产需求发展的结果和社会技术进步的结晶，需要做好人才、技术、原料、能源、环境的充分准备。仓促、无准备的大变革必然导致混乱和错误。

推行 TPM 设备管理是一项系统化、需要长期坚持持续改进的工作，要求从公司高层领导开始导入、在中层领导干部中宣传贯彻、组织公司基层领导进行培训、由基层员工实施，最终达到"全员参与、自主管理"的目的。

推进 TPM 如何建立组织架构

TPM 管理在企业推行时，是需要有专门的 TPM 组织机构来具体实施的，然而，这个组织机构的架构及各组员的职责是哪些你知道吗？因为 TPM 是一项全员参加的管理体系，其推进的组织架构与公司的原有组织是一致的，也就是原有组织架构的功能拓展。从公司的最高领导人——董事长开始，一层一层地建立 TPM 推进委员会。

☞规划 TPM 推进组织机构

一般来说，推行 TPM 活动的组织，大多数是采取重叠小组（小集团）的组织结构，其特殊的考虑在于：第一，以一线作业人员组成一个 TPM 小组（小集团），其小组的领导者是班组推进委员会的委员，班组推进委员会的领导者是科室或车间推进委员会的委员，以此模式向上互为重叠，组织成一个全公司的 TPM 推进委员会。第二，通过这种小组活动，以全员参与的方式，使基层人员的意见及看法可以传递到最高层领导，而最高层领导的政策方针也可落实到基层执行。第三，无论是由下至上或由上至下都会有最佳的沟通效果。

具体来说，经过规划的 TPM 推进组织机构构成如表 1-8 所示。

表 1-8　推进 TPM 需要的两大组织机构

名称	成员构成	责任
领导小组	公司 TPM 工作领导小组组长为制造副总。成员为制造工程部部长、各生产部门部长、装备管理科科长、公司 TPM 推进员、装备管理科设备工程师	在领导小组成员中，装备管理科科长、公司 TPM 推进员、装备管理科设备工程师的职责相对来说更为具体。装备管理科科长负责组织、协调、开展公司的 TPM 管理工作。公司 TPM 推进员负责公司 TPM 工作的管理制度、标准的制定、培训、执行和指导；负责对各生产部门 TPM 工作的诊断和评价；并落实诊断和评价问题的对策。装备管理科设备工程师负责 TPM 各类基准书和技术标准的审核、培训、执行和指导
生产部门	TPM 工作小组生产部门 TPM 工作小组组长为生产部门主管部长。成员为车间主任、部门 TPM 推进员、技术员、保全工、操作工	生产部门身处推进 TPM 一线，因此全体人员都肩负重要责任。其中，部长负责组织、协调、开展本部门 TPM 工作；负责检查、督促本部门自主保全工作的实施情况；每月至少组织、参加一次班组自主保全诊断工作。车间主任负责具体落实主管部长的指令。部门 TPM 推进员负责本部门 TPM 工作的组织、协调、推进、自诊断工作和 PDCA 管理及培训、指导工作。技术员负责设备检测。保全工负责专业保全相关的工作。操作工执行各类自主保全基准书，持续开展自主保全活动

☞搭建 TPM 推进组织机构注意事项

搭建 TPM 推进组织机构注意事项如表 1-9 所示。

表 1-9　搭建 TPM 推进组织机构注意事项

序号	内　　容
1	应包含企业各部门
2	应包含企业各级别人员
3	各级别间应有相互联系的机制和渠道
4	高层人员不能只是挂名，应参与实际的推动工作
5	TPM 的推进组织应与当前各种活动及制度结合，不宜另外独立，以免造成混乱及权责不清。建议采用委员会分级管理的组织架构及矩阵式组织
6	成立 TPM 推进组织的本身并非目的，而是实现 TPM 活动目标的方法，因此它可能不是一个永久性的安排，而是某一期间的临时机构；也可能因为推行效果不错，而转为常设部门。这个推进机构兼具委员会架构的功能及矩阵式的优点，并有 TPM 独特的循环反馈式的组织分级结构特点

值得指出的是，在公司设立一个直属最高领导的 TPM 执行委员会、TPM 领导办公室或 TPM 事务局，对于 TPM 的顺利推进是十分重要的。实践证明，凡是设立专门执行机构的企业，TPM 的推进就有成效。反之，凡是缺少一个有力执行机构的企业，TPM 的推进力度就会大打折扣，就很难有成效。是否设立这样一个机构，也是检验企业最高领导推进 TPM 决心大小的试金石。一个十分明显的事实就是：TPM 能否取得成功，最高领导的兴趣、决心和全力投入是关键。对 TPM 三心二意、犹豫不决的企业，TPM 都很难取得成功。

TPM 管理中各小组的角色分配

在制定 TPM 管理实施计划的时候涉及责任分配的问题，不同的位置所处的职责不同。那么，企业在推进 TPM 管理时，怎样进行角色分配呢？下面我们一起来看看。

☞TPM 推进室的角色

TPM 活动能否活跃地开展，小组活动能否持续，TPM 推进室在整个过程中将担当重要的角色，可以说是类似一部电视剧的导演。推进室在推进 TPM 过程中。要根据 TPM 推进委员会主要领导的指示，在大局上把握好方向、树立推进战略，控制推进速度和节奏、研究推进方法，并把活动过程和结果等情报及时报告给主要领导，有时还需及时做出必要的调整。迄今为止还没有一种万能方法可以解决所有的问题。因此，即使在这个过程运用得好的方法，到其他过程未必适用。现场是与问题战斗的前沿阵地，往往会发生各种困难和阻碍事件，有时候现场正需要帮助，如果这种时候推进室人员出现并出面协调或提出指导性意见，现场小组的活动可以预期的，并能得到现场员工的信任。

角色要点：不断研究开发、引进适合实际的革新工具；推进领导与现场持续的连接（诊断）关系；对于现场的新情况和课题进行指导、支援。

☞高层小组的角色

构成高层小组的成员是部长或科长，组长是总裁或总经理组成的小组。这个小组一般是公司的 TPM 推进委员会，主要决定企业或工厂的经营方针，设定 TPM 的基本方针和目标。在 TPM 活动里，经营者该做的最重要的是赋予全体员工以力量，包括称赞、激励、授权、尊重人格、合理补偿、迅速反馈、给人希望等。如能把这样的能源给予员工，他们就会拼命地、竭尽全力地迎接新的挑战。所以，高层小组主要领导一定要明确地提示现场革新的方向，尤其要听取推进室的提案、意见，专门部门的咨询。

角色要点：高层小组主要领导通过诊断，能获得详细察看"三现"（现场、现物、现实）的机会；可以获得与现场员工直接对话的机会；可以通过员工了解现场的真实情况。

☞中层小组的角色

构成中层小组的成员是线长或班组长，组长为科长。这个小组主要起承上启下的连接作用，根据全公司 TPM 的基本方针目标设定本部门的方针，把目标继续分解，直至把适当的目标赋予现场小组。中层小组一方面必须自觉参与现场小组的活动，询问现场需要什么，并给予积极支援和指导；另一方面要选定主题改善课题，组织跨部门成员展开项目攻关活动，杜绝现场重大浪费，这对于提高 TPM 成果非常重要。

角色要点：部下的成绩就是中层干部的成绩；中层干部对结果要负全部责任。

☞现场小组的角色

现场小组的业务是对于自己的工程、设备进行彻底地复原、改善，并把活动结果向高层报告，以增强自信感，并在得到高层主要领导的肯定时获得满足感。

角色要点：通过发现和解决现场的不合理来提高自身的实力；通过关心和改善来达到工程和设备的变化；通过现场重点项目管理体会学习目标管理。

总之，小组活动能否顺利开展，主要在于小组的组长，作为组长要在业务和人两个方面进行考虑。业务方面是如何保证完成小组的目标，即通过解决主题来实现，人的方面是怎样培养有魅力的小组，怎样联系组员的感情。组长最重要的使命是使每个成员各司其职，相互协作完成目标，并落实好每个员工的技能培养目标。

推进 TPM 的步骤

TPM 是全员参与的一个生产技术保全活动，目的就是为了提高生产性，降低成本，保证品质。因此在生产企业中推行 TPM 管理活动非常重要，那么如何推进 TPM？推行 TPM 的步骤有哪些？请看下面的内容。

☞步骤一：宣布公司决定，全面引进 TPM

企业领导应对推进 TPM 充满信心，下决心全面推进 TPM，在全体员工大会上宣布 TPM 活动的开始，讲解 TPM 的基本概念、目标、结果，并散发各种宣传资料。

☞步骤二：发动教育和培训战役

教育和培训是多方面的，首先应该让企业的中下层职工认识推进 TPM 的好处，可以创造的效益；要冲破传统观念的影响，如打破操作工只管操作、不管维修，维修工只管维修、不管操作的习惯。另外，要从操作规范、5S 做法、维修技能等多方面对工人进行培训。

☞步骤三：建立组织机构，推进 TPM

TPM 的组织机构是从企业最高 TPM 推进委员会到各部门、车间、班组推进委员会，再到 PM 小组，层层指定负责人，赋予权利、责任。企业、部门、班组级的推进委员会应该是专职和脱产的。同时还应成立各种专业的项目组，对 TPM 推行进行技术指导、培训、解决现场推行困难问题。因此，这是一个纵横交错的矩阵式结构。

TPM 推动的组织架构也可以在公司层次的基础上加以改造而完成。从公司最高领导人董事长开始，一层层建立 TPM 推进委员会。上一层次推进委员会成员即是下一层次推进委员会的负责人。TPM 的组织又像一个"金"字，从上到下，涉及各个不同部门。

☞步骤四：建立基本的 TPM 策略和目标

TPM 的目标表现在三个方面：目的是什么；量达到多少；时间表，即何时。也就是说：什么时间在哪些指标上达到什么水平？这一阶段所考虑的问题顺序是：外部要求→内部问题→基本策略→目标范围→总目标。在总目标里包括故障率、非运行操作时间、生产率、废品率、节能、安全及合理化建议等。

☞步骤五：建立 TPM 的主计划

所谓主计划，即从企业全局考虑建立起来的中心计划，其主要内容如表1-10 所示。

表 1-10   建立 TPM 主计划的具体内容

序号	内　　容
1	通过减少六大损失，改进设备效率（由专业性的项目小组协助推进）
2	建立操作工人的自主维修程序
3	质量保证
4	维修部门的工作计划时间表
5	教育与培训，提高认识和技能

☞步骤六：抓好 TPM 的启动，举行 TPM 的"誓师会"

誓师会虽然是一种形式，但可以起到鼓舞人心、宣传广告的作用。在誓师会上，企业总经理要做报告，介绍 TPM 的准备情况、主计划、组织机构、目标和策略。因为 TPM 是从上到下参加的活动，在会上应有部门负责人特别是工人表决心。

☞步骤七：发挥专业项目小组的作用

发挥专业项目小组的作用旨在减少六大损失、提高设备效率以及设备综合效率的计算。项目小组应该由维修工程部、生产线机调员（施工员）和操作班组的成员组成的技术攻关小组组成。这种项目小组有计划地选择不同种类的关键设备，抓住典型，总结经验，进行推广，起到以点带面的作用。在 TPM 实施的初期，这种攻关小组的作用尤其明显，他们可以帮助基层操作小组确定设备点检和清理润滑部位，解决维修过程中的难点，提高操作工人的自主维修信心。

在解决问题时，可以采用 PM 分析方法。PM 分析方法的要点如表 1-11 所示。

表 1-11　PM 分析方法的要点

序号	内　　容
1	定义问题
2	对问题进行物理分析
3	找出产生问题的所有条件
4	找出造成或影响条件的设备、材料和操作方法
5	做出调查计划
6	调查异常缺陷
7	制定改进计划

☞步骤八：建立操作者的自主、自动维修程序

首先应克服"我操作，你维修"或"我维修，你操作"的分工。从宣

传到项目小组的具体工作，要帮助操作工人树立起"操作工人能自主维修，每个人对设备负责"的信心和思想。在操作者小组大力推行 5S 活动。

在 5S 的基础上推行下列自主维修，需遵循"七步法"。如表 1-12 所示。

表 1-12　自主维修七步法

事项	内　容
初始清洁	清理灰尘，搞好润滑，紧固螺钉
制定对策	防止灰尘、油泥污染，改进难以清理部位的状况，减少清洁困难
建立标准	逐台设备、逐点建立合理的清洁润滑标准
总检查	小组长按照领导制定的检查手册检查设备状况。首先是小组长接受培训，由小组长引导小组成员学会各种检查项目、标准
自检	建立自检标准，按照自检表进行检查，并与维修部门的检查结果进行对照，逐步改进小组的自检标准，树立新的目标。维修部门要划清不同检查范畴的界限，避免重叠和责任不明
整顿和整理	要做到每个工作场所的控制范围标准化。要有清洁润滑标准、现场清洁标准、数据记录标准、工具部件保养标准等
全自动、自主维修	到这一阶段，工人应该是更自觉、更纯熟、更有自信心地进行自主维修，因此也就更有成就感

由设备主管与高层管理人员对自主维修所进行的循环检查，这对活动的开展有着重要意义。检查人员必须熟悉现场情况，而且对小组活动的每一步给予肯定。

☞步骤九：维修部门的日程化维修

维修部门的日程化维修必须与生产部门的自主维修小组活动协同配合，就如同汽车的两个轮子一样。直到总检查变成操作工人日常的习惯性做法之前，维修部门的工作量可能会比实行 TPM 时还要大。

需要指出的是，与传统生产维修中的计划维修不同的是，实行 TPM 的维修部门，应随时结合小组活动的进展对备件、模具、工具、检测装置及图样进行评估和控制，对维修计划进行研究和调整。这一体制的又一明显特征是：每天早晨召集生产线上主管与设备维修负责人召开工作例会。这个例会将随时解决生产中出现的问题，随时安排和调整每周的维修计划、每月的维修计划或更长远的计划。

☞步骤十：改进维修与操作技能的培训

培训是一种多倍回报的投资。实施 TPM 的企业，不但应对操作人员的维修技能进行培训，而且要使他们的操作技能更加完善。培训教师应像医生对待患者时懂得对症下药一样知道如何因材施教。

培训可以采取外聘教师在企业内安排讲课，必要时创造模拟训练条件，结合本企业设备实际情况进行培训。TPM 的培训与教育包括基本概念的开发到设备维修技术的培训。这种培训与教育是步步深入的，分层次及对象的。TPM 的培训，可以引导员工从无知转为出色。TPM 通过教育与培训，可以使员工由不自觉的无能力达到不自觉的有能力。

☞步骤十一：发展设备前期管理程序

设备负荷运行中出现的不少问题，往往在其设计、研制、制造、安装、试车阶段就已隐藏了。设备寿命周期费用在设计阶段已决定了95%。

设备前期管理应充分集中生产和维修工程师的丰富经验，尽可能考虑维修预防（MP）和无维修设计。这一目标体现在设备投资规划、设计、研制、安装、试车及负荷运行各阶段，随时根据试验结果和出现的问题，结合现场技术人员的经验改进设备。其目标如表 1-13 所示。

表 1-13　设备前期管理目标

序号	内　　容
1	在设备投资规划期所确定的限度内，尽可能争取达到最高水平
2	减少从设计到稳定运行的周期
3	争取不打破工作负荷，以最少的人力进行有效的推进
4	保证设计在可靠性、维修性、经济运行及安全方面都达到最高水平

☞步骤十二：全面推进 TPM，向更高目标前进

最后一个步骤是使 TPM 活动更加完善，建立更高的目标。奖励、鼓励推行 TPM 优秀的部门，赢得 PM 奖就意味着新的奋斗的开始。

TPM 的管理原则

企业要实现安全、高效的生产就必须导入 TPM 管理，开展 TPM，以提高生产效率，达到生产效益最大化。企业导入 TPM 管理需要遵循如下四个原则：

☞原则一：更新观念，树立设备管理新理念

"工欲善其事，必先利其器"。观念是行动的先导，建立全新的管理观念是提升设备综合管理水平的基础。企业可通过舆论宣传和层层动员，广大职工克服畏难情绪，转变观念，树立起一系列"挑战极限、勇于创新"的设备管理理念。目前，TPM 管理已经被国际企业界公认为成功的设备维修管理模式，许多企业已经把 TPM 工作的推行作为管理的工作重点。

☞原则二：推行 TPM 管理模式，构建新型设备管理平台，实现企业效益最大化

TPM 工作重点是设备预防维修状态的设计、设备预防维修状态的监视以及设备的计划维修管理。为此，结合实际确立"以操作者的日常维护和结合公司预防性维护及定修模式为主的全员设备维修"的设备维护制度，深入抓好设备点检这一基础的工作，依靠全员参与的设备日常维护，保证设备周期运行的可靠性，从而保证设备长期运行的稳定性；设备预防性维护及定修与生产组织紧密结合，实现资源和设备能力的最佳配置，既能使设备的技术状况始终处于受控状态，又可实现生产效益的最大化。

第一，建立点检定修机制，延长设备的周期使用寿命。

点检定修机制是一项重要的设备管理制度，推行全员参与的以点检为核心的设备点检定修机制是保持设备稳定的有力保障。为深化点检定修机制，建立健全公司级、工厂级和班组级三级点检管理体系和网络，本着"简单设备谁使用谁负责、复杂设备谁维修谁负责"的原则，进一步明确责任，加强

考核，避免只追求产量、不关心设备状况、拼设备现象的发生。

企业通过 TPM 维护和管理经验，可推出设备开机必点检的理念、小时巡检制和设备隐患故障分类控制体系，对设备点检提出"定人、定点、定周期、定标准、定点检计划表、定记录、定点检工作流程和定点检业务流程"的要求；制定岗位点巡检制度，运用巡检卡进一步明确巡检内容、巡检标准、巡检时间和巡检责任人，做到分工明确、协作密切、责任落实、作业标准化，使点巡检切实起到预防预报的作用；为有效解决点巡检过程中发现的各类问题，企业可以建立设备隐患故障分类控制体系：一类故障利用定修时间排除，二、三类故障通过巡检和点检即可控制，每天晨会车间依据《设备故障统计表》提供的信息，安排当日点检重点，这样可以有效控制设备裂化趋势，提高设备作业时间。

在点检的基础上，优化定修模型。定修模型以点检总结和分析为依据，为加强定修的动态管理和过程控制，可建立定修前的准备会制度，4 小时内的定修提前 2 天召开会议，4 小时以上的定修提前 3 天召开会议，落实方案、物资和工器具的准备情况，明确定修内容、责任和要求；定修中间适时召开中间会，落实解决定修中出现的新问题；设备点检的预报作用是为定修计划提供准确依据，每次定修都能做到内容和措施及时、到位，定修完成后，及时组织人员对定修效果检查验收，召开定修反省会，写出定修总结，再据此检查点检标准和定修模型，从而形成 PDCA 良性循环。

全员参与设备点检定修，实现操检合一。操作、维护和专业技术人员共同维护管理设备，操作者精心操作，维护者精心维保，点检定修信息互通有无，发现故障严格按分类控制，使设备运行始终处于动态受控状态，呈现出集中统筹、全面高效运行的良好局面。

第二，建立教育培训和自主维护机制，提高职工的业务技术素质和设备的经济效益管理水平。

企业要对生产设备开展有效的设备管理工作，就必须拥有多个设备维修技术专业背景的工作人员；同时企业还应针对设备的特性强化全体职工的培训，促使职工有能力参与企业设备管理工作。陆续开展各种形式的专业培训学习活动，组织工厂工程技术人员对职工进行技术技能培训学习，从感性和理性上更好地认知设备，提升素养水平。同时组织大力开展备件安全库存及部分备件自制，采用按实物实际测绘或按图纸要求进行自制，大大降低采购周期及费用，有效地降低成本。

第三，建立难点攻关机制，解决制约生产的设备"瓶颈"问题。

针对制约生产和指标提升的薄弱环节，以持续改进和合理化建议等形式，激发职工解决问题的积极性。把技术攻关的目标锁定在"三点"上，一是重点，二是难点，三是事故频发点。通过建立和实施设备难点公关，有效地消除设备"瓶颈"，挖掘设备潜能。

☞**原则三：完善激励和约束机制，激发各单位创新管理的动能，做到奖罚有据，提高设备综合效益**

机制的有效运行，还必须靠制度加以保证，结合公司 TPM 工作推进要求，可制定诸如《设备控制程序》、《设备巡查制度》、《设备数据统计管理办法》等文件，为开展 TPM 管理工作提供依据。

建设设备信息共享的平台，定期通报设备运行情况，实现生产组织与设备技术状态的有效结合；利用设备管理周例会制度，重点分析设备运行中存在的问题和不足，加快信息沟通和传递；把管理规章制度与实际工作结合起来，设备管理工作实现分级化管理、数量化评比、货币化考核，真正做到奖惩有据，形成工厂主动自查自纠，专业人员持之以恒认真检查的良好氛围。

☞**原则四：设立目标，考核评价**

TPM 管理是一种根本性的改进活动，它需要组织内部的所有人力资源的参与，在这个过程中，要设立目标，并对实施过程和活动结果进行考核评价，以便及时发现问题和解决问题。只有这样，才能充分挖掘出设备潜能，提高设备利用率和降低故障率，保障设备经济、安全、高效地运行。

随着高精尖设备越来越多地代替人工从事生产任务，企业在引入 TPM 管理机制后，可建立适合自己实际情况的新型设备管理模式，深化设备点检定修，加大设备维护保养的静态、动态检查力度，全面提升设备指标，促进设备向"零故障"迈进。

中国企业推进 TPM 实例

TPM 即全员生产维修，通过全体员工参与生产维修活动，使设备性能达到最优，全员参与生产维修是实施 TPM 的切入点和重心。TPM 是全员参与的、步步深入的，通过制定规范，执行规范，评估效果，不断改善来推进的

TPM。TPM 是以设备综合效率和完全有效生产率为目标，以全系统的预防维修为载体，以员工的行为规范为过程，全体人员参与为基础的生产和设备保养维修体制。它包括全员参与、6S 活动、合理化建议、清除六源、单点课程等多个部分。

在中国的企业中，某生产企业运用现代化的"TPM"管理模式进行了一场变革，他们推进 TPM 的做法值得借鉴。下面，我们就来看看这家生产企业是如何推进 TPM 的吧。

☞TPM 推进的背景

这家生产企业在 2003 年多批设备管理人员先后参加了 TPM 培训。该厂领导敏锐地意识到这套管理模式将是改进企业管理、转变员工观念认识，全面提升工作质量的有效手段。同年 10 月，动力车间首先试点推行 6S 管理活动，在较短的时间内实现了生产现场和办公环境的明显改善。试点的成功更加坚定了企业领导层全面推开 TPM 的信心。

经过半年的精心准备，2004 年 6 月，该厂召开 TPM 推进动员大会。厂长做了动员报告后，咨询老师给全厂级领导、全体中层管理人员、设备技术人员、操作及维修人员近 230 人进行了为期两天的 TPM 专题知识讲座。

2004 年 7 月，该厂相继成立了 TPM 推进领导小组、TPM 推进办公室及基层 TPM 推进小组，明确了相关职责和 2004 年主要开展的全员参与、6S 活动等各项工作。TPM 推进办公室作为公司 TPM 推进的专职机构，全面负责公司的 TPM 工作计划制订和展开。

这一系列举措当时并没有真正在大多数员工思想上引起太大的反响，因为很多重要工作通常都经过这样的步骤。但是，不久以后，一则简短的通知却引起了全厂员工的震动——全员参与活动从 2004 年 8 月正式启动，厂领导、管理人员、后勤及非生产人员到全员参与工作区域参与设备维护与保养，工作区域全部在生产现场，每人每月至少一次，每次不得少于两小时，并且有专门的表格供机台操作工给每个人打分和简评。至此，TPM 全面推行拉开了帷幕。

☞TPM 推进成效

2004 年 6 月，他们正式引入 TPM 机制，对企业生产经营产生了重大的推动作用。他们推进 TPM 采取了多种多样的方法。TPM 办公室在 2004 年 7

月制定了全员参与、6S 活动、合理化建议、单点课程、清除六源、目视化管理 6 个方面的实施及管理办法，与每项活动相对应的参考指标、考证细则都是开展 TPM 系列活动的行动准则。同时发动宣传，及时向员工通报 TPM 各阶段工作。TPM 办公室特别制作了专刊，反映了 TPM 工作进程，记录 TPM 工作中的亮点、摘录员工在 TPM 各项活动中的思想动态。定期更换"TPM 橱窗"，通过橱窗展示各部门开展 TPM 工作前后办公环境、员工面貌等方面的变化。各基层 TPM 小组利用本部门的展板向员工宣传 TPM 的理念、目的及推进过程。在全员参与和 6S 活动中，该厂采取了只奖不罚策略，而且奖励的政策非常宽松，人人都有机会获奖。征集企业 TPM 管理理念时，只要交到 TPM 推进办公室的理念都有奖，同样，对员工提出的合理化建议，只要合理不管是否具有可行性都给予奖励。截至 2005 年 12 月，全厂共收到管理理念提案 68 条，设备维修保养合理化建议 61 条。

在企业各种生产经营统计指标中，TPM 产生的作用逐步显现。2005 年下半年，设备有效作业率达到 87.67%，比上半年增长了近两个百分点，制丝线故障停机率 0.7%，达到了历史最高水平，设备完好率也保持在 100%。设备作业水平的提高带动了主要物耗水平明显下降，在下半年出现了单箱耗叶 36.15 公斤、单箱耗咀棒 3185 支、单箱耗卷纸 8370 米的全年最低物耗水平。物耗水平的下降使得生产成本费用降低，全年企业各项成本费用节约了 1000 多万元，大大超出了工业公司提出的降耗 300 万元的要求，这其中包含了 TPM 的重大成效。该厂并不是把全员参与和 6S 活动作为阶段性的工作，而是要继续贯穿整个 TPM 工作始终，最后形成 6S 活动中的最后一项——素养，即员工的习惯，保持目前成果的唯一办法就是坚持、坚持、再坚持。

他们开展 TPM 是一个学习、摸索、实践的循环过程。半年中先后多次派设备技术人员到全国各地先进单位学习，通过交流不仅吸纳了许多具体的实施办法，更认识到 TPM 切实可行，确实能改变企业面貌、提高工作效率、提升员工素养。实施半年后，TPM 管理理念已深入人心，一位质检人员在工作日志中写道："对产品质量问题分析中常常提到由于设备通道不清洁，引起产品的擦伤、刮伤；由于操作行为不规范，产生烟支水松纸长短不一，这些问题均是我们在日常工作中没有注意对设备的清洁保养，忽略员工操作习惯造成的。"企业推进 TPM 工作是一个良好的开端，初见成效。2005 年，TPM 工作沿着"考核量化、指标评价、员工激励、循环前进"这条主线继续开展。6S 活动在深入持久开展的基础上，扩大了深度、广度，制定每一要素的工作标准，确定实施进度表，分阶段检查、总结、考核。单点课程、合理化建议将全面展开，进一步营造良好的学习交流氛围，为创建学习型班组、学习型企业打下良好基础，员工和企业将更加紧密地联系在一起，管理效率和生产效益不断提升。

当全厂员工都沉浸在初战告捷的喜悦中时，厂领导已经将目光投向了更远的前方——2005 年全厂改造升级，搬入全新的现代化厂区后，设备、技术及管理都更加先进，推进 TPM 是厂领导为改变员工思想观念、培养良好工作习惯、适应新环境和新要求所选择的突围之路。这条路与企业的实际情况紧密结合，同企业现有的管理方法有机融合，在强调设备的维修、维护、保养的同时，带动企业、员工的改变与发展，这对于一个生产型企业的不断进步具有极其重大的意义。他们 TPM 的推行已经顺利起步，广大干部员工上下一心，自觉融入 TPM 进程中，齐心协力的良好氛围正应了该厂的 TPM 管理理念——"改变从习惯开始，维护从自我做起，关爱设备，靠你、靠我、靠大家"。

细微改进的不断累积必将引发质的巨变。改变从习惯开始，习惯转变作风，改变孕育发展。他们正在悄无声息中演绎着一场巨大的变革，焕发着勃勃生机，激情拥抱美好未来。

☞案例点评

该厂是为数不多的成立专门的 TPM 机构的单位，所谓专门机构，就是完全从其他岗位脱离，全职负责 TPM 体系的推进工作，这在人员编制普遍紧张的今天非常难得。事实也充分证明了该 TPM 专职机构的必要性和积极作用。

他们推行 TPM 的经验表明，在中国企业中推行 TPM 是有效的设备管理途径。成功的 TPM 管理的推行最关键的一点就是要在企业内部培养全员参与精神，在全员参与的基础上再进行接下来的工作，才能水到渠成。如果只是一部分人在做，就违背了推行 TPM 管理的初衷，也必然会失败。企业在采用引进 TPM 管理时要注意与企业实际相结合，不可生搬硬套。

第二部分：现代设备管理与 TPM 展开

　　要达到 TPM 的目的，必须开展八项活动，这称为"开展 TPM 的八大支柱"。这八项活动包括：自主管理追求无为而治和员工自动自发的管理；专业保全即对公司设备进行管理，这是 TPM 活动的核心支柱；个别改善旨在提升及发挥相关人员的技术能力、分析能力及改善能力；教育训练是支撑 TPM 不断探索进取挑战的重要基础；小组活动是 TPM 推进的重要工具之一，体现了"全员参与"的思想；品质保全就是保障设备的所有质量特性处于最佳状态；事务部门效率提升，以确保顺畅地处理各项事务；安全环境旨在创建安全、整洁、温馨、充满生气的工作环境，实现"零灾害"。其中，自主管理是 TPM 中最为核心的内容之一。

第一章 自主管理 TPM 的展开

自主管理应当具备三个要素：第一，员工要有自主管理的意识，即员工意识到工厂的管理要靠自己来实现，愿意参与自主管理；第二，员工要具备相应的自主管理的技能，没有技能或者不懂方法都无法顺利展开自主管理；第三，自主管理要求员工付诸行动，愿意用自己的实际行动来实现自主管理。因此，自主管理是一种方法，一种机制，更是一种追求。企业要追求无为而治，追求员工自动自发的管理。

为了有助于自主管理 TPM 的展开，本章介绍 TPM 自主管理及其原理和目的，分析推进自主管理的意义和理由，解析推进自主管理的五个步骤，给出实现自主管理的七大方法，以及自主管理的诊断要点和成功标准。

什么是自主管理？

自主管理就是通过员工对自己的设备和现场自己维持和改善，从而实现并维持现场和设备理想的最佳状态。自主管理活动通过维持设备的基本条件（清扫、注油、紧固等）、遵守使用条件，根据总点检来进行劣化的复原，把"培养熟悉设备的工程师"作为目标，根据不同阶段程序展开教育、训练和实践的 PDCA 循环来实现，是操作者按照自己制定的基准来维持管理现场和设备的活动。

☞什么是自主管理？

自主管理是以制造部门为中心的生产线员工的重要活动，是指生产一线员工以主人的身份，对"我的设备、区域"进行保护、维持和管理，实现生产理想状态的活动。通过对设备的基本条件（清扫、注油、紧固等）的整备和维持，对使用条件的遵守、零部件的更换、劣化的复原与改善的活动。它以培养熟悉设备并能够驾驭设备的操作专家为目标，按照教育、训练、实践的反复 PDCA 循环，分 7 个阶段循序渐进地展开。

当然，强调生产线员工自主管理，并非要削弱设备保全部门的工作，相反可以为设备保全人员腾出更多的时间和精力。

☞TPM 自主管理的原理

"我是搞生产的，你是搞修理的"这种观念，严重阻碍了理想现场的实现，应运而生的 TPM 自主管理就是为了打破这样的体制而开展的活动。那么自主管理究竟是如何来改变现场的呢？其原理如表2-1所示。

表 2-1　TPM 自主管理的原理

事项	内　容
人性变化原理	自主管理遵循人性变化的原理：思想变化决定行动的变化，行动变化决定习惯的变化，习惯变化决定性格的变化，性格变化决定命运的变化。自主管理一开始就非常重视人生教育、启发工作和生活动机（思想），并通过反复实践行动，形成下意识的习惯，直到无法容忍现场脏乱的性格产生，最后凭借解决问题能力的提高而改变自身的命运
企业变化原理	自主管理也遵循企业变化的原理：员工变化决定现场变化，现场变化决定企业变化，这是量变到质变的过程。首先是员工思想的变化，通过员工行动的变化使设备发生变化，设备的变化反过来推动员工觉悟的变化，从而实现现场的变化，最终导致整个企业的根本变化。没有点的积累（量变），就不可能有面的形成（质变）

☞TPM 自主管理的目的

假如当现场不幸发生火灾时，如果现场人员不具备自主管理的能力，必须依赖专业消防队员来灭火的话，损失可就大了；相反，如果现场的人员能够自主管理后训练有素，在火灾初期，火势还没有蔓延时及时扑灭，损失就会较小，甚至通过自主管理提前发现火灾隐患，自然就可实现损失"零"化。这就是 TPM 自主管理的目的。

自主管理活动的目的可以从人和物两个方面来说明。人的方面是实现理想的员工，即培养强大的有实力的作业能手。物的方面是实现理想的现场，即谁都能发现并纠正现场和设备的异常和问题点。如此通过理想的员工实现理想的现场，进而实现理想的企业，这是自主管理的基本思路。也就是说，通过自主管理活动将生产线员工的积极性调动起来，使他们成为熟悉设备的生产线员工，能对设备进行清扫、注油、紧固、调整和日常点检的工作，并具有早期发现设备故障征兆、进行复原和简单修理的能力，最终实现故障率和不良率为"零"的目标，极大地提高生产效率，为企业带来盈利。

☞自主性是如何形成的

自主管理活动必须坚持循序渐进、持续提升的原则，培养员工对管理的自主性。一般来说，提高员工的自主性需要经历三个基本历程：形式化、行事化和标准化（如图 2-1 所示）。其中，形式化阶段是强制导入的过程，而行事化阶段需要持续坚持，以意志力为保障，不断运行强制导入的形式，最后使其成为员工的工作习惯，从而实现自主管理。

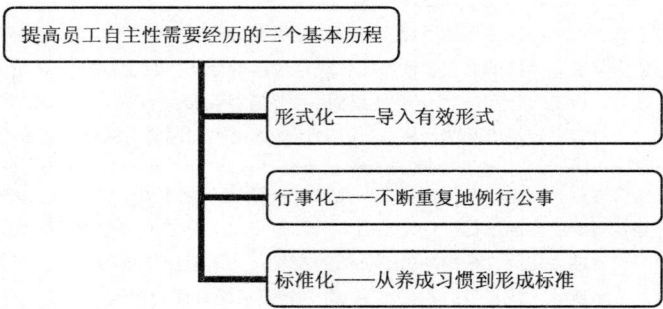

图 2-1　提高员工自主性需要经历的三个基本历程

形式化：实现自主管理，就需要导入各种各样有效的活动形式，并使这些形式得以固化。例如，问题票活动（红牌作战）、定点拍照、目视管理等都是实现自主管理的形式。由于活动最开始时通常会遭到员工的质疑或消极抵制，这一过程必须是强制性的。

行事化：行事化意味着"到了某一天必须做什么，到了某个时段必须做什么"。例如，当企业制定了红牌作战活动的制度时，那么就必须做到每个星期按时完成这件事情。通过不断重复地例行公事，逐渐使员工认识到做这些事情是工作的一部分。因此，行事化是培养员工习惯的重要过程。

标准化：任何事情都是从形式开始，再变成例行工作。当例行工作得到长期坚持时，它就会变成员工的习惯，成为一种标准。因此，培养员工的习惯与自主性，必须经历形式化、行事化和标准化三个步骤。否则，仅靠宣传与讲解是不可能做好的。

为什么要推进自主管理？

三星公司为什么对理光公司的员工特别有信心呢？因为三星公司清楚地看到，理光公司这样的企业培养出来的员工绝对不是单一技能的人，而是全方位、全面发展的人才。同样，理光公司对此也抱着很好的心态：由于公司拥有充分的人才储备，即使三星公司把现场一线的优秀员工吸引去了也没有关系，公司内还有很多人才可以得到不断的提升。

在一般情况下，管理者往往低估了操作者的能力和潜力，以为他们仅仅是一个简单的劳务工。其实他们是工作的创造者，只要给他们机会，他们的智慧会令人吃惊。由此可见，员工在企业中必须拥有学习和提升的条件。企业应当满足员工对自身提高的需求，为他们创造必要的条件。而自主管理活动正好可以让员工在工作过程中得到全面的提升。

☞推进自主管理的意义

推进自主管理对现代企业具有不可忽视的积极意义。来看下面的例子：

在深圳，理光公司的旁边是三星公司。三星公司在开业时打出的招聘广告中提到：跨国企业的员工来求职可以免试，并且可以提高级别，另外，还可以送到韩国研修半年等。很显然，招聘广告主要是为了吸引隔壁理光公司的员工。

广泛开展自主管理活动，有助于提高员工的自主管理意识和技能水平，建设卓越的管理现场，最终创造出一个环境整洁、管理有序、设备完好的工厂。自主管理活动在为企业带来经济效益的同时，营造出改善的文化氛围。具体来说，体现在以下三个方面，如表2-2所示。

表2-2　推进自主管理的意义

事项	含　义
提升员工意识和能力	员工的改善意识是改善活动得以长期维持的基石，而改善意识的培养又与改善活动密切相关。自主管理活动通过日常的细节管理，让员工在亲自参与过程中不断加强改善的意识，熟练掌握生产设备的操作技能，进而提升整个企业的生产维护能力

事项	含　义
建设卓越管理现场	自主管理有助于建设卓越的管理现场，改善设备的工作、运转条件，改善员工的工作环境。自主管理的特点决定了员工最了解设备的运转情况，可以在设备发生问题之前进行改善和解决，这样有利于防止设备故障的发生。此外，自主管理让员工对设备进行自我维护，不再需要委托外部机构进行维护，因而可以大幅降低设备的外围维护费用
改善部门间的关系	在开展自主管理之前，由于各部门之间职责划分不明确，出现问题时很容易出现互相推诿的现象，导致不同部门之间的关系恶化。而自主管理要求"谁使用，谁负责"，这样就明确了责任，避免了不同部门之间的互相指责，改善了部门间的协作关系

☞推进自主管理的理由

推进自主管理活动，对加强现场管理、提高企业的管理水平有着十分重大的意义，这主要基于以下两个方面的理由，如表 2-3 所示。

表 2-3　推进自主管理的理由

事项	含　义
打破传统分工的局限	在传统的分工条件下，维修部门负责设备维护，生产部门负责生产。一旦设备出现故障导致生产任务无法按时完成时，生产部门往往会指责维修部门对设备的维护不及时导致设备故障率高，而维修部门则认为设备出现故障是因为生产部门对设备的使用不当。这样，出现问题时互相扯皮，管理者无法找到责任人。自主管理的目标就是要打破这种传统分工的局限，让设备的维护由使用部门来管理和主导，这样就能有效地消除"踢皮球"的现象。随着自主管理的推行，从前那种互相埋怨消失了，部门间的关系也得到了相应的改善
员工二次谋职的需要	员工的单一技能会造成员工的危机感，使之无法适应二次谋职的需要。通过开展自主管理，可以使员工培养良好的工作意识，主动学习全方位的技能。这样，不但对提高企业的管理水平有帮助，还对员工的个人发展有利。因此，企业应当满足员工的这种需求，在自主管理过程中让员工获得全面的提升

自主管理是 TPM 实施的重要一环，它要求企业员工自主地对企业实施全面的管理、维护和保养，让现场设备的保养、维护成为员工的自觉行为。自主管理不但能提升员工的维修保养技能，还能培养他们的责任心和自豪感。

推进自主管理的五个步骤

实现自主管理是深化推行 TPM 的一个重要部分。自主管理活动是一个循序渐进、持续提升的过程，它依次按照以下五个步骤进行：初期清扫、发生源和难点问题对策、总点检、点检活动的效率化、自主管理体制的建立。如图 2-2 所示。

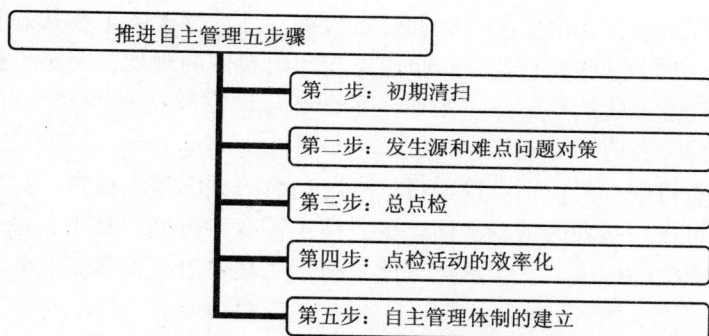

```
┌──────────────────────┐
│   推进自主管理五步骤      │
└──────────┬───────────┘
           ├─ 第一步：初期清扫
           ├─ 第二步：发生源和难点问题对策
           ├─ 第三步：总点检
           ├─ 第四步：点检活动的效率化
           └─ 第五步：自主管理体制的建立
```

图 2-2　自主管理的实现步骤

☞第一步：初期清扫

初期清扫就是彻底的 6S 活动，即对看得见的问题进行整治。TPM 中的初期清扫与 6S 的清扫在推进方法上有所不同，这里的初期清扫强调的是现场管理面貌的快速改变，通常是 3~6 个月的时间，而 6S 则可能需要经历几年的时间。

初始清扫的期待效果是提高 6S 水平。它以设备为主体，将垃圾、灰尘、油污等一并扫除干净，通过清扫活动寻找出潜在的缺陷并及时有效地加以处理。另外，清扫的过程中还应该拆除不必要、不着急使用的物品或设备，使现场达到最简单的状态。

☞第二步：发生源和难点问题对策

自主管理的第二阶段是寻找发生源和难点问题的对策。初期清扫结束之后，通常能够消除管理现场中存在的 80%~90% 的问题，剩余 10%~20% 的问题很难在短期内得到解决，这些问题往往是其他多数问题的根源，一般称为发生源。例如，机器漏油和飞溅是产生满地油污问题的发生源。

还有一类问题的解决需要投入较长的时间、经费以及员工智慧，这类问题被称为难点问题。在自主管理中，要解决发生源和难点问题，就需要进行有计划的对策活动。这样，通常 80% ~ 90% 的发生源和难点问题能够得到解决，而对于遗留问题，企业可开展长期的对策活动。

☞第三步：总点检

总点检也被称为定点检查或者要点检查，是维持设备工作状态和环境的必要步骤。对于这些检查要点，企业应当作出整体的规划，制定出标准的点检表，并详细描述这些要点。例如，在会场环境需要检查的要点有麦克风、灯光、摄像设备等。

在总点检中，要识别点检项目，决定点检的频度与点检责任，制定点检标准，通过这一系列的活动，使整个点检工作有章可循。其中，最重要的是切实执行点检的标准。在未形成习惯之前，尤其要对点检实施有效的监督和检查。

☞第四步：点检活动的效率化

在总点检的过程中，企业可能会规划很多点检项目，对点检的要求比较严格，对点检的频度也可能比较密集。在下一步的点检效率化过程中，企业就要对点检的频度重新进行审视，对点检项目进行优化。对于不必要的项目可以取消点检，对点检频度过高的项目可以适当降低检查的频度。此外，还要进行目视管理活动，使得点检变得简单易行、一目了然，这样就能使整个点检活动得到简化，变得更为高效。

☞第五步：自主管理体制的建立

在自主管理的实现过程中，最重要的是进行标准化管理，确保自主管理活动能够长期地执行下去，从而彻底改变人的作风，让员工们充满自信和成就感，让他们持续自觉行为，不断地改进工作。这就要求企业建立持续改善的机制来运行这套有效的标准，对每个步骤采取诊断活动，确认自主管理的每一个台阶都是有效的，确保每个部门的管理都在持续提升。

自主保养的展开需要上述五个步骤。企业决策者应确立出每一步的目标，制定出每一步的活动内容，运用宣传、教育、讨论等手段，使自主保养形成系统规范的体制，提高设备的综合效率。

实现自主管理的七大方法

无论是开展 6S 活动，还是自主管理活动，很多企业的管理者头脑中都存在着不大不小的认识性错误：只知道推行活动，而不去研究具体实现的有效方法与活动形式。事实上，实现自主管理不仅是五个步骤那么简单，它还需要借助于各种各样的有效方法。

总体而言，实现自主管理主要有红牌作战、定点拍照、目视管理、纠错机制、参观活动、景点制作、诊断活动七大方法（如图 2-3 所示）。通过长期坚持这七大方法的运用，可有效培养企业员工自主管理的自觉性。

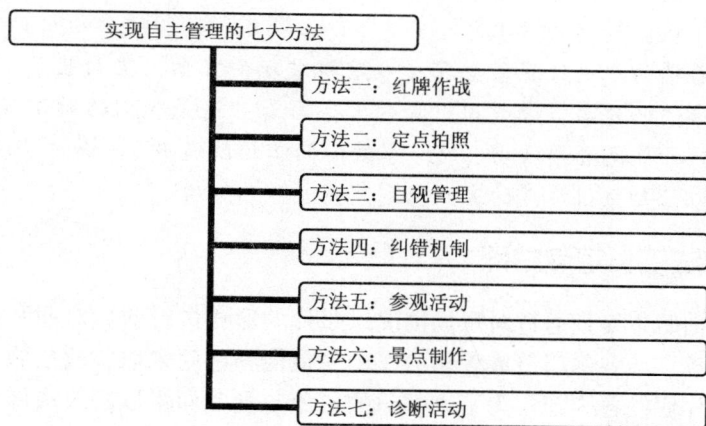

```
┌─────────────────────────────┐
│      实现自主管理的七大方法        │
└─────────────────────────────┘
        │
        ├──── 方法一：红牌作战
        │
        ├──── 方法二：定点拍照
        │
        ├──── 方法三：目视管理
        │
        ├──── 方法四：纠错机制
        │
        ├──── 方法五：参观活动
        │
        ├──── 方法六：景点制作
        │
        └──── 方法七：诊断活动
```

图 2-3　实现自主管理的七大方法

☞方法一：红牌作战

红牌作战旨在现场找问题，因此红牌作战也被称为"问题票活动"。它的流程十分简单，即通过印制问题票，然后把问题票张贴出去，要求员工针对问题票揭示的问题进行改善，最后对改善效果进行确认后把票摘下来。问题票活动对于预先发现和彻底解决工作场所的问题具有十分重要的意义。因此，企业的管理者应掌握问题票活动的实施方法，在工厂管理中加以灵活运用。

问题票活动的开展主要有六个步骤：第一，在活动之前进行准备和动员，设定目标。应当让员工认识到，问题票并不是不光彩的，而是贴得越多越好；第二，由各部门代表组成巡查组，到现场找问题；第三，由所属部门员工负责问题的记录、统计，做成问题清单；第四，决定对策人，一般要求场所或设备使用者本人为对策人，即自主完成；第五，按要求自主实施，实施起来确有困难的，经部门负责人同意后推行；第六，完成的项目，回收及保存问题票，并在问题清单上记录。

在一家有30年厂龄的日本工厂内有一面活动墙，被称为问题票改善活动墙。这面墙被整体规划为三大部分，其中一块区域张贴了改善前的工厂现场照片，从照片上可以看出，问题票活动前的设备和厂房都很破旧，到处都是脏乱差的景象。而另一侧张贴的改善后的照片却展现了崭新的工厂面貌，两者形成了极其鲜明的对比。

在改善墙的中央位置设置了一个有机玻璃的容器，里面装了14万张从现场揭下来的问题票，旁边用烫金的大字写着"这是我们的财富"。这家工厂长期坚持开展问题票活动，将一家破旧的工厂改造成了一家整洁有序的工厂，这足以让每一位参观的客户感到震撼。

☞方法二：定点拍照

定点拍照主要是通过对现场情况以照片的形式进行前后对照和不同部门的横向比较，给各部门造成无形的压力，促使各部门采取整改措施。改善前的现场照片促使各个部门为了本部门的形象与利益而采取解决措施，而改善后的现场照片能让各部门的员工获得成就感与满足感，从而形成进一步改善的动力。如果将定点拍照简单地理解成拍照，这种想法是十分错误的。

定点拍照就是要找准问题，找准焦点，用照片的形式把问题记录下来，然后针对问题具体解决，最后将改善后的照片进行展示。由于是通过改善前后照片的对照来展现改善的成效，因此，定点拍照要求选用同一个角度、同一个视点观看同一位置的同一事物。

定点拍照能够使问题的焦点突出，使问题一目了然。对此，管理者要说服员工不要心存顾虑，而应大胆地多拍现场问题。此外，照片是改善活动的积累，一定要注意保留改善前的照片，这样通过改善前后照片的对比，员工才会体会到成就感与满足感。

☞方法三：目视管理

目视管理是利用形象直观、色彩适宜的各种视觉信息以及感知信息来组织现场生产活动，以达到提高劳动生产率的一种管理方式。目视管理是看得见的管理，即能够让员工用眼看出工作的进展状况是否正常，并迅速地做出判断和决策。

目视管理是一个持续提升的过程，工厂管理水平的提高过程也就是目视管理提高的过程。当工厂还没有实施 6S 活动时，现场杂乱无章，处于无水准、低水平的管理状态中；经过整理、整顿等初期管理后，物品整齐摆放，不需要的物品被去除了。处于中级管理水平的工厂进行了某些目视管理描述，使得物品的数目一目了然。但是，真正高水平的管理需要达到自主管理的水平。这时候，理想管理状态的目视管理标识应该包括以下两方面的内容：一是要对管理状态、管理内容和意义进行描述；二是要有动态的描述，必须起到看板的作用，能给员工发出指令。

丰田管理方式中最为出色的部分是看板管理，而目视管理追求的目标就是要达到看板管理的高度，实现真正的自主管理。企业的管理者可以根据对各个管理状态的描述，对照企业当前的管理状态，从中寻找差距，进而朝更高的管理水平迈进。

☞方法四：纠错机制

在重复工作中，人们总会出现错误，这是不可避免的，这种错误通常被称为无意识差错。无意识差错并不是员工本人愿望所为，因而不能将此归咎于员工。当面对无意识差错时，不同的管理者采取的方法也不同：无能的管理者给予员工处罚，员工不可能有自主性；而优秀的管理者愿意和员工一起研究如何避免错误。

对付无意识差错的方法有两个：防呆和纠错。防呆、纠错结构能够在问题发生前予以避免，或者在问题发生时及时向人发出明确警示。防呆、纠错结构的制定，需要员工的指挥。因此，管理者和员工一起研究和制定防呆、纠错的结构，是最为理想的状况。丰田公司就是通过防呆措施来追求产品的"零缺陷"。

☞方法五：参观活动

参观活动具有操作简单的优点。作为自主管理活动的推动者，在展开厂内参观活动时应事先发出参观通知，决定参观的景点，并将参加参观活动的企业高层和各部门负责人名单告知相应的部门，让各个部门做好准备工作。

在参观过程中，由所在部门的改善人员对景点进行讲解，对优秀的改善事例要当场加以表扬。通过厂内参观活动，不但可以得到公司上层对改善成果的认可，使员工建立信心，体会改善的成就感，更有利于部门间相互学习，激励先进，鞭策后进。

☞方法六：景点制作

所谓企业的景点，指的是能让上司吃惊，让客户感动，让员工具有成就感，并能激起别人模仿、学习、挑战和超越欲望的改善事例。企业的景点，是昭示员工智慧、展现管理水平的最佳场所。如果企业要真正成为一个令人感动的企业，就必须拥有众多的景点。

景点必须是可视化的事物。对于企业的景点，应当加以详细的描述，也就是对景点进行说明。景点说明应包括改善人的姓名、改善前的情况、改善后的情况以及改善效果等。将景点说明的牌子公示，可以充分昭示员工的智慧，昭示企业的改善文化，能让客户为之感动。

☞方法七：诊断活动

通俗地讲，诊断活动就是上台阶活动。在自主管理的初期清扫、发生源和难点问题对策、总点检、点检活动的效率化和确立自主管理体制的建立这几个阶段中，随着自主管理活动的升级，诊断活动针对每一阶段工作的完成情况，做出一次评估。

诊断的内容通常包括计划的诊断、活动诊断、结果的诊断以及表彰发证。其中，计划的诊断就是对实施计划进行确定，检查计划是否到位、目标是否明确；活动的诊断主要检查活动内容是否充实；结果的诊断则是检查活动的效果。诊断活动类似于 ISO 审核，但比 ISO 审核更现场化、更具体化。通过一系列的诊断活动，我们可以证明改善活动是有效推进的。

总之，企业中所有人员的自主意识的培养和加强是自主管理活动得以成功推进的关键。无论是企业的管理者还是普通员工，都应该正确理解自主管理的意义，积极实现自主管理活动。在自主管理的具体推行过程中，掌握有效的方法是必不可少的，这样才能收到事半功倍、立竿见影的效果。其中，红牌作战、定点拍照等七大手法正是实现自主管理的最常用、最有效的方法。

自主管理的诊断要点和成功标准

自主管理诊断的目的，主要是确认自主管理活动是否合乎当初设定的目标，了解各步骤的目标已到达何种程度以及是否可以彻底推行等，诊断圈活动的开展方法以及现场实际情形的掌握，即对诊断圈所面临的困扰及问题点加以厘清，并加以指导、援助。

☞诊断的概要

自主管理 TPM 活动诊断，是指上级部门根据自主管理诊断基准书，对小组活动三要素（活动过程板、现场现物现象、全体成员，简称"板、物、人"）进行综合观察与沟通的活动。

诊断是对各个阶段的目的理解程度、目标完成情况进行把握，对优秀的地方加以称赞，面临的困难给予支援，不足点进行指导，并明确下阶段或今后方向的活动。诊断活动不是单纯的绩效考核，也不是单纯的合格与否的判定，而是作为企业内部交流的一种工具。它是为了再次确认活动过程和结果，进行最后的指导和教育的活动。诊断不应以诊断者向小组成员提出问题为主的方式，而应以小组成员向诊断者报告活动成果和经过为主的方式，通过双向交流灵活地进行。

诊断是 TPM 自主管理某个阶段活动结束的标志。比如在初期清扫阶段活动完成时申请诊断，诊断合格的才可以进入发生源对策阶段活动。一个阶段活动需要 4~8 个月的时间，平均 6 个月左右，所以一般需要 3 年左右的时间，才能把自主管理 TPM 活动完全落实。TPM 的成功不在于推行 TPM 时间的长短，而在于 TPM 思想是否融入到全体员工的头脑里，是否按照 TPM 的思想去思考和行动。

TPM 诊断的目的可归纳为 12 个字：看成果、重教育、多鼓励、促沟通。看成果，即活动目的要明确，把握过程与成果；重教育，即合格与否要判定，重点放在教育上；多鼓励，即缺点固然要指出，发现优点更重要；促沟通，即上下交流营造氛围，形成共感是关键。

国外企业高层到现场视察诊断是一项很重要的活动，每个月都有诊断日程的安排，相反国内企业大部分都没有这样的安排。天行健咨询专家曾多次与不同企业的员工（包括中层干部）谈起，都说高层领导很少下现场，甚至反映连老板或总经理是什么样子也不知道，据说老板们忙于市场开拓。这样的企业怎么能驱使全体员工为企业努力工作呢，因此，体现 TPM 活动全员参与最关键的是企业的最高领导亲自参与，而 TOP（经营者）诊断是十分有效的方法。对经营者应该眼睛盯住市场，功夫下在现场。

☞诊断注意事项

在 TPM 活动里，经营者该做的最重要的是凝聚合力，要赋予员工们力量，包括称赞、激励、授权、尊重人格、合理补偿、迅速反馈、给人希望等。如能把奋发向上的能源给予员工，员工自然就会拼命，竭尽全力地去迎接新的挑战。作为公司领导要高瞻远瞩，明确地提示 TPM 活动的方向。诊断时的注意事项如表 2-4 所示。

表 2-4 自主管理结果诊断注意事项

注意事项	内容含义
防止人格判断	对物不对人。要体察员工的努力付出，不要说"这些人很差"的话
防止主观判断	对现物要一个一个地仔细察看，不要说"某某看来很差"的话
防止片面判断	不要只看一小部分，要全面地看，不要说"别的地方不用再看了"的话
防止马虎判断	不要用"望远镜"，要近距离认真看清楚，不要说"随便看一下吧"的话
防止中途判断	不要中途放弃，要耐心看完，不要说"现在已经是不合格，再看也没用"的话
防止煽动判断	不要误导别人，不要说"某科长，这里很差是不是"的话
防止过度判断	要根据本阶段相应水平来诊断，不要提出过分要求，不要说"初期清扫阶段了，怎么还这么脏，发生源都没有改善"的话

☞检验 TPM 自主管理成功的标准

自主管理是否取得巨大成功，可以通过以下的标准进行检验，如表 2-5 所示。

表 2-5　检验 TPM 自主管理成功的标准

事项	含　义
导入教育先行	通过分阶层地导入教育，全员对什么是自主管理 TPM 是否有足够认识？是否有不明确方向和目标的现象？是否存在不知自己应负责任的现象？
部门互相协作	其他部门对生产部门的援助和协作是否良好？
定期小组活动	是否按照固定小组的形式定期地开展活动，而不是一阵风运动？如确保每周两小时的活动时间
重新认识业务	是否认为业务和自主管理是两回事？是否意识到自主管理的对象就是业务本身？
坚持实践主义	是否执着于形式或理论？是否用行动来获取实质成果？是否减少会议室时间？
训练与指导结合	按照每个阶段目标，是否进行教育训练？是否进行巡回指导，解决推进中的问题？
重视样板作用	是否通过样板活动找到适合自身的活动方法？是否通过样板模拟制作减少改善浪费？
诊断是牵引力	是否有定期的诊断制度？高层领导是否关心活动？
活动板是沟通桥梁	是否灵活运用活动板促进上下内部交流，改善情报共享度？是否利用活动板来显示活动过程和成果？活动板内容是否经常更新？
活用催化剂	尽管是阶段活动，也会有活动高低潮，是否为提高活性化和活动成果而开发特别方案（催化剂）？

第二章　专业保全 TPM 的展开

对于制造型企业，设备相当于战争中的武器，其重要性不言而喻，如何保证设备稳定、安全的正常运转，是我们应追求的目标。所谓设备，是有形固定资产的总称，指建筑、机器、装置等在企业内长久使用并提供利益的东西。现代企业设备管理，是指设备安装完毕后的设备保全管理，其特点如下：一是大部分工序都是由人机系统构成；二是以机械手为主的自动化、无人化、省能化越来越普及，设备密集型工序在不断增加；三是设备数量远远超过专门保全人员数。因此，在 TPM 活动中进行专业保全是十分必要的。

什么是专业保全?

专业保全是 TPM 活动的核心支柱。所有的产品几乎都是通过设备制造出来的，现代企业生产更加离不开设备。做好设备的管理是提高生产效率的根本途径，提高人员的技能和素质也是为了更好地操作和控制设备，因此设备管理是非常重要的，是企业必须面对的核心课题之一。将设备管理的职能进行细分是必要的，设备的传统日常管理内容移交给生产部门推进设备的自主管理，而专门的设备维修部门则投入精力进行预防保全和计划保全，并通过诊断技术来提高对设备状态的预知力，这就是专业保全活动。

☞专业保全的含义

生产活动要想更加有效率地进行，保持设备一定的信赖度是基本条件。保持和维持其信赖度的活动就是保全活动。为了区分制造部门开展的日常保全活动，而把以设备专门部门为中心进行的设备管理活动称为"专业保全"。专业保全包括两大活动：一是设备的信赖性提高，即彻底地消除设备保全方面的问题，也就是说不让设备发生故障的活动；二是保全性提高，即对设备的作业更加效率化地处理，即故障发生时及时修理的活动。

设备自主保全与专业保全的区别。自主保全是设备使用部门的操作者对设备进行的日常保全，包括对设备的定期清扫、加油、紧固等日常保养工作，自觉遵守设备的操作规范，对劣化的部件及时进行更换和复原。专业保全是由设备管理部门进行的针对设备开展的专门维护，有计划的定期点检，周期性的保养，以及中修、大修等活动。专业保全活动具有计划性、专业性强、保全力度大等特点。如果将设备比作一个婴儿的话，婴儿的妈妈就是设备的操作者，设备的给油、清扫，发现漏油、发热及振动不良就是设备操作者自主保全的内容。设备管理部门的专业保全就相当于婴儿的医生，医生的目的是预防疾病的发生，同时在疾病发生时能够迅速治愈，所以专业保全的工作内容就是两个方面：一是通过定期检查，早期治理预防设备处问题；二是在设备发生问题时能及时解决、及时应对，从而最大限度地提高设备的使用效率，保证生产的顺利进行。

☞保全的分类方式

保全分为计划保全和非计划保全，计划保全（或称专业保全）分为预防保全、改良保全、事后保全，其中的预防保全又分为定期保全和预知保全；非计划保全是指紧急保全。计划保全和非计划保全的具体方式如表2-6所示。

表 2-6　计划保全和非计划保全的具体方式

方式	内　容
预防保全	是指在设备出现故障以前就采取对策的事先处置方法。它包括定期保全与预知保全
定期保全	是指在设备发生故障前周期性地进行保全的方法，也称按时间保全。一般它的预算管理相对容易，虽然保全费用较高，但是比起事后保全或紧急保全发生的事故损失还是比较经济。定期保全包括定期检查、定期注油、定期更换和分解修理（也叫大修或整备）三种方式。定期检查是根据设备劣化周期，按照基准定期进行的检查活动。如设备每3个月进行的驱动部检查。定期注油是按照润滑基准对设备定期进行的润滑加油活动。定期更换是根据设备或部件的寿命，定期进行的更换部件的活动。分解修理是定期对设备进行解体、消扫、检查，对发现变形的部件进行更换或处理的活动，如对驱动部减速箱每年进行的分解、检修、保养活动
预知保全	是指为了最大限度地使用设备或部件，通过点检或诊断手段预知判断重要部件的寿命，并据此进行的措施活动，它是保全费用和故障损失最小的方法。预知保全也称为按状态保全，需要通过解读劣化状态数据、管理倾向值、跟踪设备状态等方法来实现
改良保全	是指通过将现有设备的缺点（含设计缺点）有计划地主动进行改善（材质或外观等），延长设备寿命的改善活动。目的是提高设备的信赖性、保全性、安全性等，减少劣化、故障，改良保全的终极目标是取消保全。由于改良保全对设备做了变动，要做好情报管理工作，将所改动的保全信息，落实反映到新设备的保全预防和现有其他设备的改善里，并将这些信息标准化，以保全预防提案书的形式进行整理，建立起一套保全情报的反馈体系
事后保全	是指设备出现机能低下或机能停止（故障停止）后进行修理、更换等事后处理的方法。它有别于非计划性的紧急保全，是一种有意识的或不得已的处理活动。采用这种方式主要是由于设备或部件非常昂贵，预备品的购置等于重新购置设备，非常不经济，所以不应等到出现故障后再进行处理
紧急保全	紧急保全属于非计划的保全，预先没有防备，突然出现故障而进行的紧急处理活动。由于行动如救火一样紧急，有的企业把它叫作"救火保全"。这种保全方式非常被动，而且故障伴随的生产损失比较大，应尽量避免。不过，国内有不少企业仍习惯用这样的方式来管理设备

☞设备专业保全在企业中的应用

"为什么计划没有达成?""××设备又坏啦!""昨天刚修好的设备,怎么今天又坏了?""这台设备什么时候能够修好?""不好说,设备备件不好买,得看备件购买情况!""设备坏了,又要加班赶计划了!"以上是关于生产计划未达成,查找原因时经常发生的一些对话,这种因设备故障造成损失的情况是否同样在你的工厂出现呢?对于设备故障带来的损失我们是忽视还是习以为常或无计可施呢?

一家有着数十年历史的企业,在 20 世纪 90 年代曾经红极一时。它的生产线是引进日本全套的设备与管理,在当时是最先进的生产线与管理方式之一。随着时间的推移,管理方式变了,设备状态变了,干净整洁的现场也变了,到处堆满了待加工的产品,工人也需要不同程度的加班,整个现场显得凌乱而无序。带来后果的主要原因之一就是设备故障多,据该公司统计,仅由设备故障原因带来的时间流失比例每天(8 小时工作日)就在 10%~50%。

这样的生产状态怎么能保证准时生产出所需的产品、所需的数量以及其质量呢?如果不采用 TPM 管理中专业保全的方法来快速解决以上问题,势必设备故障不断,最后将极大地影响生产效率。

对于企业来讲,处理设备故障大多是采用事后维修的方法。设备故障后,原因查找的正确与否,设备老化带来的连锁反应,维修的困难程度,维修人员的技术,维修备件的条件以及生产的紧迫程度等,都会造成故障维修后设备复原的精度损失,下一次的故障又会很快接踵而来,形成恶性循环,于是我们便无计可施,继而习以为常,最终忽视设备故障带来的损失以及故障本身,形成设备发生故障是理所当然的想法。于是又有了加班(增加班次)、多生产在制品以备不时之需等做法来满足生产的需要。

事实上,设备故障的发生牵扯到很多专业性的问题,并且对于解决方法不仅要求设备管理部门能够做到出现故障及时修理,还应该做到在日常工作中进行维护与预防。因此,从成本角度讲,采用专业保全进行预防的成本要远小于事后维修的成本。

什么是计划保全?

计划保全需要专业人员对设备进行专业管理,而自主保全主要依靠员工自我操作来管理设备，两者都是设备管理中不可分割的部分。计划保全常用于设备的高级维护、高级维修与设备政策制定这些领域，而自主保全则用于日常设备细微维护与设备管理政策的执行。

计划保全是专业保全的主要内容，那么计划保全应该怎么做呢？下面我们从计划保全的主要内容、编制原则及实施几个方面来展开。

☞计划保全的主要内容

计划保全是专业保全人员进行设备管理的业务体系，基本内容分为信息管理、计划制定与执行、备品管理和费用管理，改良活动包括计划保全、改良保全、保全预防和预知保全。具体来说，计划保全的主要内容如表 2-7 所示。

表 2-7 计划保全的主要内容

内容	实施要领
现场自主保养	计划保养和自主保养是互相结合的，自主保养是由现场操作人员进行的；计划保养是设备保养部门配合现场操作员，在故障发生前、中、后进行的一些有计划的保养
及早发现异常	及早发现设备出现的微小异常，将有利于设备的及时修复。一旦异常转化为故障的时候，要彻底修复设备难度就会比较大，有时候还需停止设备的运行进行修理，这样对生产的影响较大
保养信息收集和建立	通过 TPM 保养信息系统的建立，专业维修人员和现场的工人可以建立密切的联系，专业维修人员可以快速地了解到现场设备的运行情况和状态，进而采取相应的保养维修措施和手段，缩短维修的时间
建立技术文件库	从设备的购买开始，建立技术资料库，制定保养的措施和规程，使操作人员和维修人员按照规程逐步进行保养。这种系统工程能起到事半功倍的作用。建规建档，针对每台机床的具体性能和加工对象制定操作规章，建立工作与维修档案，管理者要经常检查、总结、改进
人员安排和技能培训	为每台数控机床合理分配专门的操作人员、工艺人员和维修人员，通过保养的实施使所有人员不断地提高自己的业务技术水平

☞计划保全的编制原则

在计划预维修中，设备的维修是通过计划实现的，因此维修计划编制的准确与否直接决定了其维修或保养的有效性。因此，在编制计划时应依据的原则如表 2-8 所示。

表 2-8 计划保全的编制原则

原则	内　　容
结合设备运行动态管理	设备运行动态管理是指通过一定的手段，使各级维护与管理人员能牢牢掌握设备的运行情况，依据设备运行的状况制定相应措施。第一，通过对设备进行日常和定期点检、定期技术普查测定等，对设备的技术状态进行分析，以此验证设备的实际技术状态及维修间隔的长短，从而提高设备维修计划的准确性、合理性和经济性。第二，建立健全巡检保证体系，在现场设备管理中，除操作人员负责对本岗位使用设备的所有巡检点进行检查外，还应依据设备的多少和复杂程度，配备专职巡检人员，专职巡检人员除负责承包重要的巡检点之外，要全面掌握设备运行动态。第三，设备状态信息建立、传递与反馈。在巡检时对发现的隐患或缺陷，应做好记录检查后登入检查表，根据故障和隐患的类别由相应的管理人员及时安排处理，以此为依据作为计划编制的重要基础。巡检中发现的设备缺陷，必须立即处理的，由生产和设备管理人员及时组织处理；其他可在确定控制方案和处理方案后，纳入检修计划
结合设备的技术改造规划	从企业设备构成和技术装备水平出发，采用新技术、新工艺、新材料，结合修理进行技术改造，有效地利用修理时间和维修资金，提高企业的技术装备水平
同生产计划的协调	维修应服从生产计划的需要，必须考虑到对生产计划的影响，权衡经济效果
修前预检	对于年度检修计划或季度维修计划的项目，在计划实施前对其进行预检，确认其和计划的符合程度并根据实际情况做出调整

☞计划保全的实施

实施 TPM 设备计划，首先应该满足 TPM 设备计划保养管理的基本条件，获得各级管理人员的支持、配备专业技能的保养人员、树立正确的设备观念、生产及管理部门和人员间的无边际充分合作、有完善的设备技术和状态资料、保持完整的报表与记录。

推行设备保养应该树立以下观念：对企业生产效率产生影响的设备损失主要包括设备故障损失、设备故障停机产生的损失和管理损失，想要减少这些损失提升企业的生产效率，就必须要加强设备的维修及技术的管理，并且要落实计划保全管理，推行标准化、规格化的设备保养管理等措施，以最低的成本生产出最好的产品。

设备专业保全推进流程

专业保全体系是在传统的设备维修保全方法和不断完善的经验的基础上形成的一套设备保全的体系。企业专业保全的推进流程可以归纳为以下六大步骤，如图 2-4 所示。

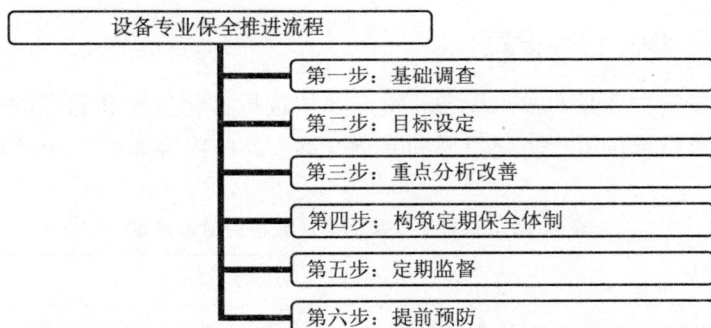

图 2-4　设备专业保全推进流程

☞第一步：基础调查

基础调查工作主要是成立推进小组并对设备进行评价与现状把握。具体包括以下几项内容，如表 2-9 所示。

表 2-9　设备专业保全推进流程的基础调查

序号	内　容
1	成立以生产副总为组长、以设备管理部门为核心的推进小组，并辅以生产现场的设备人员、管理人员等

序号	内　　容
2	制作设备故障记录台账与维修台账，收集基础资料，用以建立改善依据
3	制定设备评价基准，并根据设备的重要程度与故障修复时间的长短，选定重点设备与重点部位（可根据"帕累托法则"即"二八原则"确定），例如，企业选择 DT05 设备与 DT08 设备作为重点设备，并且设定 DT05 设备的重点部位为动力头，DT08 设备的重点部位为刀具
4	统计数据。统计故障次数、故障维修时间，计算当前 MTBF（平均故障间隔时间）、MTTR（平均故障修理时间）等。例如，目前的 MTBF 为 75.9 分钟，MTTR 为 39 分钟
5	设定目标，例如，MTBF 为 240 分钟，MTTR 为 25 分钟

☞第二步：目标设定

目标设定主要是对重点设备、重点部位进行劣化复原和弱点改善，对重点设备、重点部位进行劣化复原和弱点改善。具体内容如表 2-10 所示。

表 2-10　设备专业保全推进流程的目标设定

序号	内　　容
1	根据统计数据，推进小组对 DT05 的动力头偏差原因、DT08 的刀具易磨损与更换时间长的原因进行分析
2	制定改进的方案，并根据方案制作或购买相应的备品备件，为下一步做好准备
3	根据方案对设备进行集中整备，复原劣化部位（目标恢复设备出厂状态），并且追根溯源，对造成设备劣化的发生源进行强制排除（可采用自主保全支援活动）
4	对以上改善的弱点或难点持续改善，尤其对刀具的标准化进行改善，缩短更换刀具的时间
5	改善后进行每日跟踪，防止重大或类似事故的发生
6	根据以上过程，重新统计数据，对其他重点设备、重点部位进行改善

☞第三步：重点分析改善

重点分析改善主要是建立情报管理体制，具体内容如表 2-11 所示。

表 2-11　设备专业保全推进流程的重点分析改善

序号	内　容
1	建立整体设备故障数据管理系统（设备故障记录、设备维修记录、设备的 MTBF 和 MTTR 等）
2	构筑设备保全管理系统（设备履历管理、整备维修计划和检查计划等）
3	构筑设备预算管理系统（备品备件管理、国产化管理、新材料管理和信赖性管理等）
4	图面、资料管理等

☞第四步：构筑定期保全体制

构筑定期保全体制的具体内容如表 2-12 所示。

表 2-12　设备专业保全推进流程的构筑定期保全体制

序号	内　容
1	定期进行保全活动（备用设备使用、备品更换、测定用具检测、润滑、图面和技术资料核对等）
2	制定定期保全活动体系程序与管理制度
3	确定对象设备、重点部位和保全计划
4	制定各种基准（检查基准、验收基准等）
5	提高定期保全的效率，确保相关人员能够做到快速判断与修理

☞第五步：定期监督

定期监督主要是构筑预知保全体制，具体内容如表2-13所示。

表 2-13　设备专业保全推进流程的定期监督

序号	内　　容
1	培养专业技术人员对设备故障的提前预知能力
2	制定预知保全活动体系程序与管理制度
3	选定并扩大预知保全对象设备和重点部位
4	开发诊断设备的技术（有能力一定要实施）

☞第六步：提前预防

提前预防主要是构筑计划保全系统，具体内容如表 2-14 所示。

表 2-14　设备专业保全推进流程的提前预防

序号	内　　容
1	建立计划保全制度
2	提高信赖性评价：故障、瞬间停止件数、MTBF 等
3	提高保全性评价：定期保全率、预知保全率、MTTR 等
4	降低成本评价：节俭保全费、保全费区分使用的改善

　　以上即为推进专业保全的六大步骤，它的主线为基础调查、目标设定、重点分析改善、情报建立、定期监督、提前预防，最终实现专业保全习惯化、日常化机制的建立。通过实施以上六个步骤，企业的设备故障时间将大幅缩短。

第三章　个别改善 TPM 的展开

　　TPM 活动中的个别改善是指设备、人或原物料的效率化，也就是追求生产性的极限，并以实质效果为目标。为了大幅度地减少设备损失，通过这个活动来提升及发挥相关人员的技术能力、分析能力及改善能力。

个别改善推进方法

个别改善旨在减少影响设备效率化的损耗，追求的是设备效率化的极限，最大限度地发挥出设备的性能和机能，从而提升设备的综合效率。在推进个别改善活动时，需要采取恰当的手法。

☞奖励为主

在个别改善的初始阶段，组织者接收到的改善提案的质量和水平可能参差不齐，这时要对提案者进行奖励，以鼓励员工递交提案的积极性。奖励的形式可以多样化，如将提案发表，以使员工获得成就感；所提交的提案确实为公司带来利益的，要给予物质上的奖励。这样就让员工明确了企业的改善决心，为日后的改善起到推动作用。

☞中期量化

个别改善是一项需要长期贯彻的活动，随着提案数量和质量的不断提升，员工的改善点也越来越难发掘，此时员工的积极性就会降低。为了进一步鼓励个别改善活动的进行，企业有必要将改善和工作业绩挂钩以量化改善。例如，对于个别改善活动执行较好的员工实施奖金加成，员工为了自己的利益就会全力进行改善活动。

☞建立改善提案台账

企业的每一次改善都要按照部门和类别进行分类和记录。因为改善可能会出现雷同的情况，做好记录以后就可以避免此类情况的发生，所以需要建立改善提案台账。

☞标准化

在个别改善活动开展一定时期后，可以将积累的经验进行总结，并形成标准的流程，用以指导日后的改善。

☞组织发表

企业管理层要将优秀的改善方案进行公布，并将改善提案的动机、思路、方法进行分享，一方面可以提高员工的改善能力，另一方面也可以提升改善热情。

综合生产效率的计算

TPM 中的综合生产效率是指设备在最高条件下可以产出多少价值的产品的一个指标。企业的设备综合生产效率一般在 40%~60% 的水平，仍然有改善的空间，应向最高目标 85% 以上挑战。下面将有关综合生产效率计算的一些问题进行整理，希望能给你带来一番启示。

☞设备时间工作效率

设备时间工作效率就是负荷时间（必须使设备工作的时间）与实际工作时间的比率，计算公式如下：

设备利用 =（负载时间-停止时间）÷负载时间×100%

上式中的负载时间是指 1 天（或者 1 个月）的操作时间中减去生产计划上的暂停时间，计划保养上的暂停时间，以及日常管理上需要去除的时间后所剩余的时间。因此，所谓的停止时间就是故障、准备、调整及调换刀具等的时间。

比如，一天的负荷时间为 460 分钟，故障时间为 20 分钟，准备时间为 20 分钟，调整时间为 20 分钟（停止时间的合计），一天工作的时间为 400 分钟，在这种情况下的时间工作效率为：400÷460×100%≈87%。因此，时间工作效率为 87%。

☞设备性能工作效率

设备性能工作效率由速度工作效率和净工作效率组成。

速度工作效率的意思就是相对设备固有能力（周期时间、行程数）而言的速度的比率。其计算公式如下：

速度工作效率 = 理论加工时间÷实际加工时间×100%

净工作效率表示是否在单位时间内按一定的速度工作。其计算公式如下：

净工作效率 = 加工数量（产量）×实际加工时间÷负荷时间-停止时间×100%

设备是否按照一定的速度工作，并不是指比基准速度快了或是慢了，而是指在速度较慢的情况下，是否也能长时间按这一速度稳定地运转。这样，就能计算出因停止而运转产生的损失，以及日报表所反映不出的因小故障产生的损失。

性能做工效率根据上述两个公式即可推算，公式如下：

性能工作效率＝速度工作效率×净工作效率×100%

☞设备综合生产效率计算公式

设备综合生产效率＝时间工作效率×性能工作效率×合格品率×100%

在此不妨一问引发思考：由设备综合生产效率计算公式，你想到了什么？

必须重视"微缺陷"

缺陷分为大缺陷、中缺陷、微缺陷等。有的企业在 TPM 管理实施过程中把重点放在大缺陷和中缺陷上，微缺陷往往被忽略。在初期阶段主要对策对大、中缺陷具有效果，其后为减少慢性损失就必须重视"微缺陷"。

☞微缺陷到中缺陷再到大缺陷——一个劣化渐变的过程

大缺陷是指引起运转无能（故障停止）的缺陷。大缺陷说明设备缺陷严重，置之不理将导致严重的后果。

中缺陷是指设备可以运转，但会独自形成品质不良、效率低下的缺陷。中缺陷带来的后果会导致小停机或影响设备功能。

微缺陷是指个别设备出现无大碍的缺陷，若重复出现就会通过上升作用，形成品质不良、稼动率低下的缺陷。设备的垃圾、污垢、松动、磨耗、锈迹、滴漏、伤痕、变形等都属于微缺陷范畴。微缺陷不会影响停机，暂时不影响设备功能，但它会带来慢性损失。

☞慢性损耗的解决方法

把潜在的缺点显露出来，可以防患于未然。因此，解决微缺陷带来的慢性损耗，应该有"看着不对劲的地方就一定要解决"的思路，这样故障才能得以解决。即便解决不了，也要能彻底搞清要因，找到解决的思路和切入口。看着不对劲就去解决的方法，虽然很花时间，但是经验告诉我们它很有效。

找出微缺陷上需要留意的两个要点：一是基于原理原则重新审视。首先，从原理原则的观点，针对现象的解析进行。重新审视的同时，也要重新审视其和设备的关联性。其次，不要被现象所迷惑，多留意是否有细微缺陷被漏掉、被忽视。二是不要拘泥于影响率。首先，一定不要把微缺陷造成的影响换算成影响率，把影响率看得太重的话，细微缺陷很有可能被当作次要因素。其次，希望做到不要考虑影响率，不要被过去的既成概念所影响，要把不对劲的地方都找出来。

故障零化管理途径

设备"零故障"是零概念的一种，就是在设备故障发生之前，运用适当的维修策略消除故障隐患和设备缺陷，使设备始终处于完好工作状态。设备"零故障"管理是一项复杂的系统工程，其管理过程是全方位的。它要求全员参与（从主管到操作者、维护者）、全过程体现（设备一生管理的各个阶段），从而实现设备"零故障"管理的过程，这也是完善企业文化的过程。

在实务中，设备"零故障"管理可以采取以下措施：

☞设备点检管理

设备管理者做到对设备心中有数，也就是设备受控，只有当设备管理者真正有效地掌握了设备的状态以后，实现优化检修和状态检修才有了扎实的基础。如果设备的状态搞不清楚，也就不可能正确决策。因此，加强设备的点检管理是"零故障"管理的基础。

☞即时性检修管理

建立在一、二级点检的基础上，对操作方和维修方的点检发现的问题安排时间或利用更换工艺件时间予以实施，以维护设备的可运行性。

☞定期检修管理

根据检修计划安排，对设备进行平常无法进行的带有月修性质的检修和设备的定期更换。将此轮生产过程中，针对点检发现的问题且未能在即时性检修中处理的设备隐患进行排查和维护。

☞月修、年修管理

月修主要是对生产有较大影响的设备故障（隐患）进行检修，月修也是定修的一类，对定期检修未能处理的设备问题予以处理，以期达到设备的良好运行，必要时也可适当进行小的技术改进和设备的持续改进。

☞设备抢修管理

设备抢修管理是指在停产或不停产的情况下，对设备出现的故障、事故进行紧急处理和修复。要举部门之力，共享所有资源（人力资源、备件资源），以期在事故发生后在最短的时间内恢复生产。

☞技术攻关管理

对困扰生产的设备问题、对故障频发的设备、对维修工作量大的设备隐患，随时组成攻关小组，整合资源、集思广益，以解决问题或至少保障以生产为原则展开攻关。

☞基础管理

基础管理工作是各项设备管理工作的基础，它贯穿于设备管理工作的始终。包括凭证管理、数据管理、档案资料管理和规章制度管理。凭证管理是用于记录设备管理和技术活动的书面资料；数据管理是指通过对数据收集、处理加工和解释，使其成为对管理决策有用的信息；档案资料管理是指在设备管理的全过程中形成的，并经整理应归档保存的科技文件与资料，通过不断收集、整理、鉴定等工作归档建立的设备档案；规章制度的管理，是指规章制度的制订、修改与贯彻落实。

☞备件管理

备件管理是一项复杂烦琐的工作，对设备备件进行规范、科学的管理，对于减轻企业库存压力，缩短设备维修停机时间，盘活资金链，降低最终产品的成本具有积极的推动作用。

☞定期更换管理

总结备件更换周期，对多发故障设备进行定期更换。避免设备在线故障的发生，减少故障的停机率及减轻工人的劳动强度。

☞技改管理

技改管理是设备管理工作的一个重要环节。设备管理部门对技术改进项目实行统一归口管理，实施流程负责、责任到人的管理机制，并在部门内实行项目终身负责制。

设备零故障管理是一个持续保持和不断完善、提高的过程，只要措施得当，管理到位，并持之以恒，零故障的目标并不是一个口号，是实实在在可以实现的。

个别改善活动的一般步骤

个别改善活动的步骤可以按照前面提到的三个层次实施，即全员改善提案、班组主题改善、部门课题改善。

☞全员改善提案

个别改善提案要鼓励全员参与，并按照一定步骤开展，具体步骤如表2-15所示。

表 2-15　全员改善提案步骤

序号	内　　容
1	制订个别改善计划
2	确定个别改善的标准
3	分析个别改善的要因
4	个别改善的实施
5	改善的标准化和制度化

☞班组主题改善

此步骤是针对基层工作而开展的改善活动，以生产班组为单位自主开展有计划、有目的的改善，负责人可以是班组长等基层负责人，目的是营造全员参与的改善氛围，培养出技能全面的作业者，并不断完善机制。

班组改善可以对个别改善起到很大作用，具体体现在：提升班组的团队合作精神；促进组员间的交流；培养改善型员工。

班组改善的开展方法有以下几个重点，如表 2-16 所示。

表 2-16　班组改善方法

方法	实施要领
确定改善主题	班组长可以在晨会时与员工就改善事项进行交流和探讨，通过实地调研制订改善计划，并监督班组内成员有序实施
自主改善	对于改善计划，班组内要自主完成，遇到实在难以解决的问题时可以求助于专业人员。但是，自主改善是要放在第一位的，如果没有条件，创造条件也要进行自主改善
成果交流	完成主体改善之后，要对改善的成果进行总结，并对参与人员进行表彰。班组之间要进行改善经验交流，以提高企业整体的改善水平

☞部门课题改善

在企业的个别改善上，要保证制度和方法的健全和不断完善。部门间可以采取纵向联系的方式进行改善。部门课题的改善重点有制造过程的浪费、存货的浪费、不合格品的浪费、无效动作的浪费、过量加工的浪费等。

部门课题改善的步骤如表 2-17 所示。

表 2-17　部门改善步骤

步骤	实施要领
选择改善课题	此阶段要选择部门无法独立解决的问题作为改善课题，课题上报给专业组以后，专业组对提案进行总结归纳并组织改善
制订改善计划	确定课题之后，专业组要制订详细的计划，明确实施步骤和准则、参加者都有谁，针对课题的具体内容和形式制定合理的时间计划
课题研究	通过课题的分析确定开展中可能遇到的问题，并提出解决预案。具体形式可以组织有关人员和专业人士开展研讨会，保证改善的顺利展开

步骤	实施要领
组织实施	课题的改善和维护尽量在生产的空闲时段开展，因为课题的改善需要长时间不断地完善才能实现效果，所以组织实施时不能影响正常的生产活动
课题的评价	课题开展完成以后专业组要对活动进行总结，对活动中的经验和不足予以分析，组织者可以从中选择优秀的课题予以发表，以分享先进的改善思想和技术

第四章　教育训练 TPM 的展开

TPM 是从教育开始的，由于我们没有推行 TPM 的经验，而且不可能完全靠外部的力量来推动。为了使全体员工通过学习掌握活动所需要的知识和技能，以自己的能力来推动 TPM 各大支柱活动。如果实施者没有一定的知识和技能，那么 TPM 活动是无法开展的。教育和培训是支撑 TPM 不断探索进取挑战的重要基础。

TPM 教育训练的目的和内容

TPM 推进过程中的教育培训是非常重要的，不论是运转部门还是保养部门，仅有良好的愿望很难把事情做好，因此，我们必须加强技能的训练和提高。TPM 活动的教育训练旨在提高部门担当的技术技能水平，提高设备的设计、管理和技术创新的能力。为此，必须深入理解人才培养的目的，明确把握 TPM 培训的内容。

☞为什么要制定培训计划

TPM 活动是从教育开始的，因此教育训练必须首先进行。培训计划是为了保证培训工作有序开展而制定的工作安排。培训计划的输入是培训需求，输出是包含培训对象、培训目的、培训内容、培训方式、培训时间、所需资源、培训地点、考核管理办法在内的总体安排。为了确保培训计划制定的合理性和有效性，企业必须制定完善的培训计划和管理办法。

培训计划一般情况下在上年度的 12 月前制定完成，培训计划制定完成后，必须得到主管领导的批准。

☞TPM 培训内容

TPM 培训应该主要包括全员培训、针对性培训、活动方法的培训、技能的培训。其中，全员培训内容包括 TPM 简介、TPM 小标签、TPM 小集团、设备 6S 活动、设备自主改善活动、设备的润滑、设备的 ABC 管理、设备预检修、设备的点检、操作者的初级维修；针对性培训主要是针对班组长、小集团骨干、维修人员、设备模块人员开展的培训；活动方法的培训是 TPM 推广方法的培训，技能的培训主要注重综合性技能。

一般来说，TPM 课程应包括以下几点，如表 2-18 所示。

表 2-18　TPM 培训课程的内容

序号	内　　容
1	TPM 的体系框架是什么？
2	实施 TPM 有什么意义？
3	TPM 系统是否适合本企业？
4	TPM 的八大支柱之间有什么关联？
5	哪些是最基本的支柱？
6	"慢性损失"和"零星损失"有什么差异？怎么区分？怎么检测？
7	如何建立适合本企业的消除或降低损失的优先顺序？
8	为什么大多数企业的 TPM 是从自主维护与保养开始？
9	实施自主维护与保养成功的关键是什么？
10	实施了自主维护之后，如何实施其他支柱以提升设备效率和可靠性？
11	如何将计划维护落实到具体的工作当中？
12	推动 TPM 持续改善的活动和措施有哪些？

TPM 教育训练课程的策划

TPM 教育训练课程的策划包括两个方面的内容：一是策划课程内容；二是策划课程形式。

☞策划课程内容

策划课程内容必须要有针对性，不同的人要设计不同的内容。如表 2-19 所示。

表 2-19　策划针对不同人的课程内容

序号	内　容
1	对决策级领导来说，课程内容应该包括现代企业运作理念和意识等
2	对于管理层领导来说，课程内容应该包括理念和意识学习、现代管理技术等
3	对于工程技术人员来说，课程内容应该包括专业技术知识，各种先进技术、先进工艺等
4	对于生产一线的员工来说，课程内容应该包括各种操作技能等

☞策划课程形式

内部课程形式以课堂讲授、道场（沙盘）演练、现场实操、各种外出研修、进修等方式为主。外聘培训课程应策划为"咨询式培训"形式，即外聘人员先根据企业培训需求到现场调研，然后针对设置培训内容进行培训，培训完成后企业进行实践，要求外聘老师全程跟踪、解疑、指导。

TPM 推广的综合技能训练

所谓技能，是对业务的处理能力，是指能够正确的条件反射式（不用思考）行动，并且能够长期维持的一种能力。在 TPM 推广活动中，教育训练的四项综合技能将有助于培养高技能的人才。

对于综合性技能，不同的岗位都有相应的要求和内容。下面就以现场设备操作人员（一线员工）为例进行说明。

☞初级能力训练

初级能力的训练要注重以下能力：能够发现设备的不合理；能够通过清扫防止劣化；能够自觉对发现的不合理进行复原。

☞中级能力训练

中级能力的训练要注重以下能力：理解设备结构和机能；准确地清扫点检；知道判断异常的基准；知道异常发生的原因。

☞高级能力训练

高级能力的训练要注重以下能力：理解设备和品质之间的关系；能够预知和发现品质异常原因。

☞卓越能力训练

卓越能力的训练要注重以下能力：能够进行零部件的更换；能够进行应急措施；能够进行简单修理。

需要说明的是，以上这些能力需要在 TPM 推广现场开展的教育训练、自主管理活动、主题改善活动和品质保全活动中逐渐培养。

合格 TPM 教育培训师的培养

为保证培训活动的有效性，必须由具备一定能力或资质的人来担任培训师，可采取内部聘用和外部聘请的方式。

☞培训师培养

TPM 推行是一项长期的系统工程，先期可以借助外部力量来导入，但长期或从战略意义来看要逐步培养自己的团队来维持并深入推进精益生产，这就需要企业培养培训师队伍。内部培训师培养主要是结合其岗位或专业，方向性地进行培训，使之能将经验升华为理论，将理论用于指导实践，成为企业内部培训的中间力量。

☞培训师选拔

建立面对高层、中层及一般员工的三级合格培训师、外聘培训师资源库和相关管理办法或流程；建立内部培训师选拔的流程和管理办法。

☞培训师考核

建立对培训师的考核和评价制度，主要对其知识水平、授课能力以及课后的实践指导等方面进行考核和评价，以此作为优化培训师队伍的手段，并作为更高级别培训师培养和选拔的参考。

第五章 TPM 小组活动的展开

小组活动是 TPM 推进的重要工具之一，它体现了"全员参与"的思想。在组织结构上，TPM 小组从上而下，层层开展，下一级 TPM 活动小组组长是上一级 TPM 活动小组的成员，每一级 TPM 活动小组成员起到"联结者"的作用。在工作上，TPM 小组活动穿插于各部门的日常工作中，成为其中的一部分。

为何 TPM 要推进小组活动?

在 TPM 过程中为什么要推进小组活动? 在这里我们不妨结合某公司动力部排水车间 TPM 推行情况来回答这个问题。排水车间担负着公司污水和雨水外排任务，由 5 个泵站组成。2010 年车间压力泵站通过"绿色机泵房"和"绿色变电室"验收，南排泵站老泵房通过了"绿色机泵房"验收。2011 年压力区域通过"绿色区域"验收，南排变电所通过"绿色变电室"验收。达到这些目标，都是 TPM 循序渐进、有效地推进小组活动的结果。

☞员工思想观念发生了变化

员工思想观念发生显著变化，参与车间活动的自主性和积极性明显增强。随着 TPM 管理的深入开展，车间员工逐步树立了"双精、双追、双零"等思想理念。"双精"即"精细操作、精细管理"，"双追"即"追求精品、追求完美"，"双零"即"操作零失误、设备零故障"。如车间在泵站 TPM 专项达标推进工作中，泵站值班人员就由原来的"水泵不漏水是不可能的"，转变为"良好 TPM 管理可以确保水泵不漏水"。压力泵站张师傅说："车间开展 TPM 后，工作环境好了，休息环境好了，虽然我们累点，但心情舒畅了，效率提高了。"在 TPM 推进过程中，全体员工参与企业生产、经营、管理的工作热情空前高涨。广大员工"爱岗敬业"和"热爱设备就是热爱车间"的主人翁意识得到了提升和锤炼，增强了车间的凝聚力。

☞提高了员工岗位技能

OPL 教育一直是车间提升小组成员综合能力的重要手段。车间三角地、南排、东西热交换站设备更新，员工们自发地查找资料、自觉上台讲解自己制作的 OPL。由于开展了 OPL 演讲，每个员工就是一名导师的培训模式，加强了岗位员工操作点检技术和生产诀窍的培训，员工岗位工作能力和自主维修能力有了较大幅度的提高，因此，保证设备缺陷能够得到及早发现、及早消除，确保了设备处在一个最佳的运行状态，提升了设备适应高速生产的能力。

☞车间形成了全员参与"检、维、修"的氛围

全员参与"检、维、修"体制初步建立健全，促进企业基础管理上水平。通过典型示范机组专项推进，及以点带面在全车间的推广普及，车间建立了典型示范机组管理制度，岗位点检制度以及岗位保产管理制度，并逐步形成了每一个工作岗位或机组 TPM 管理规范。通过明确每一个岗位员工所应承担的职责，所使用的设备、工作的区域、工作的方式、使用的工具以及工作中使用的文件及指令和劳动保护措施等，形成"事事有人管，人人有专责"的新局面。

☞设备故障时间明显降低

TPM 自从开展以来，车间 5 个泵站到目前为止，从未出现一起非故障停机事件，设备完好率达到100%，多次被动力部设备管理部评为"TPM 优秀车间"。

从这个案例可以看出，推进小组活动对开展 TPM 意义重大，小组成员作为一线员工的能力得到提高，作用更加显现。

毫无疑问，推进小组活动可以促使员工增添主人翁意识，激发员工的积极性，发挥自主创造能力；可以培养员工提高组织、协调、解决问题的能力；可以提升员工素质，实现全员参与活动的活性局面，以及生产现场自主管理的提升。

TPM 小组活动的主要内容

TPM 小组活动内容及目标是"四无"，即无废品、无故障、无事故和无工作差错。TPM 小组活动体现了全员生产维修中的全员参与特征，把以前由专人或少数人做的事情变成全体人员的自觉行动。

☞小组的组成及活动方式

小组成员结构完整，囊括各方的人员（横向）来寻找团队共同面对的问题，通过全体成员的努力工作去解决问题，达到发展整个团队的目的，从管理层到一线工人，每一层均可以开展 TPM 小组活动；TPM 小组通过层叠结构实现有效的沟通渠道（纵向）。具体来说，TPM 小组是车间属下的基层组织，一般为 3~10 人，组长通过民主选举产生。小组每周一次例会，时间为0.5~1 小时。公司的 TPM 大会每年召开两次，对优秀的小组进行奖励，奖金可作为小组会议、图书和娱乐活动基金。

日本的小组活动基本上是自觉、自发进行的。这一方面反映了日本企业的管理模式，即以行为科学作为基本，把企业办成全体员工的家，充分发挥企业员工的集体观念和团队作风；另一方面这也和日本民族的传统观念有关，日本工人被企业辞掉，被认为是一种耻辱，甚至会被家里的父母兄弟姐妹责怪。因此，不少工人一进入企业，就把它看成自己的家，就兢兢业业努力工作。

☞TPM 小组活动的主要内容

TPM 小组活动的主要内容如表 2-20 所示。

表 2-20　TPM 小组活动的主要内容

序号	内　　容
1	根据企业 TPM 的总计划，制定本小组的努力目标
2	提出减少故障停机的建议和措施，提出个人完成的目标
3	认真填写设备状况记录，对反映出的设备实际状况进行分析，相互切磋研究
4	定期开会，评价目标完成情况。一旦完成，经小组研究可向上级汇报
5	评价成果并制定新的目标

TPM 小组活动在各个阶段有所侧重。TPM 实施初期以清洁、培训为主；中期以维修操作为主；后期以小组会议、检查和自主维修为主。在具体工作方式上不是从一开始就一味地追求全员的概念，而是对小组活动的成熟过程进行客观分析，通过小组成员的提案、OPL 等多种形式，在全公司内形成学习 TPM 的氛围，吸引员工的兴趣，并通过奖励以及其他有效的激励方式调动员工的积极性。

TPM 小组活动的评价

TPM 小组活动是在实践中逐渐成熟起来的。先来看一个实例：

天津石化除了采用专用项目奖金的物质奖励与 TPM 评比奖励的激励方式外，还按照 TPM 推进手册尝试实行了以下几种激励方式：一是冠名法，即指以员工的名字命名一个优秀班组、提案改善、作业程序等，如“某某作业法”、“某某班组”等。二是视板法，即设计一块面板，将 TPM 活动的计划和取得的成绩，以及提案改善等内容展示出来，树立模范，激励员工把工作做好。三是口号法，即全体人员，高呼 TPM 活动确定的目标，来激励人心，鼓舞士气。从实践情况来看，冠名法和视板法很符合中国人的传统心理，是很好的激励方式。这和我们的社会文化与历史文化有关。在后来的 TPM 活动过程中，天津石化去掉了喊口号的环节。天津石化由此认为，在 TPM 推进过程中，不能一味机械模仿，应该深刻认识中外社会和历史文化的差异。

评价小组活动是否成熟，主要看四个方面：

☞**自我发展：自觉要求掌握技术，有自信心**

员工从原来的被动参与到主动要求学习技能，要求掌握设备结构和原理的状况。员工从清扫之中发现了不少问题，产生了解决问题的欲望。

☞**改进提高：不断改进工作及技术，有成就感**

通过有组织地提案改善活动，使员工由动手改为动脑。当某些改善活动取得成功时，就更增加了员工的信心和成就感。

☞**解决问题：小组目标与企业目标互补，活跃地解决问题**

一些简单的问题解决之后，会有一些比较棘手的复杂问题暴露出来，而员工现有的知识不足以解决，这使得员工产生强烈的学习愿望，通过自学或公司组织的技术培训，员工尝试用所学的知识来解决比较困难的问题，团队协作共同解决难题的风气逐渐形成。

☞**自主管理：设定小组更高目标，独立自主工作**

小组积极地解决工作中的问题，小组成员的技术水平已经可以对设备进行自主维修，而且大部分的维修项目都能由员工自主解决。

如果没有员工的广泛参与，TPM 就难免掉入形式主义的深渊。TPM 通过自愿的小组活动来实现，这种自愿不是想做就做，不想做就可以不做的自愿活动。

第六章 品质保全的支持

保证设备的所有质量特性处于最佳状态，这就是品质保全的本义。做好品质保全，有必要了解品质保全与 TPM 的关系，了解品质保全过程中的结果管理和要因管理这两个重要环节，掌握品质保全的推行方法，熟知品质保全的操作步骤，这样才能收到好的效果。

品质保全与 TPM 的关系

在 TPM 的八大支柱中，质量保全是看结果的支柱，自主保全、专业保全、个别改善、初期管理等都是对源头和过程的控制，它们是品质保全开展和产生效果的前提和保障。其中，自主保全是先还原设备的初始状态，然后再进行改善；专业保全是确保设备故障为零；人才育成是为了培养能正确执行和不断创新的专家型员工；初期管理是对新制品新设备的源头进行管理。这一切都为实现生产不良为零的质量保全打下了坚实的基础。

为了推进品质保养，制造业要考虑设备的品质，同时加工条件、人员的技能与作业的方法必须处于适当的状态，因此，必须展开 TPM 八大支柱中的个别改善、自主保养、计划保养、初期管理和教育训练五个支柱。在此基础上，在保证技术设计方面不会发生不良条件的前提下，制定不会发生不良品的管理系统，实现并维持"零不良"。

下面用表格的形式展现品质保全与 TPM 的关系如表 2-21 所示。

表 2-21　TPM 展开中五个支柱与品质保全的关系

事项	程　序	要　点
导入准备期	企业现场预备诊断	重点生产线及人员的现场调查
	中高层革新意识教育	经营创新与 TPM 的必要性，学习先进
	制订 TPM 中期推进计划	成立 TPM 推进室、委员会、实践小组，TPM 的基本方针和目标设定，3 年的整体计划、1 年的详细计划
导入实施期	TPM 导入教育实践活动	阶层别导入教育（管理者、实践小组） 样板活动
	设置目标管理板	确定重点管理指标并分解
	TPM 宣誓大会	总经理的 TPM 宣言在内刊及板报宣传 邀请关系单位，协助单位

事项	程　序	要　　点
导入落实期	教育训练活性化	组长的集中教育，对组员的传达教育
	全员自主管理	分步实施的方式，诊断和合格证制度
	设备专业保全体系化	改良保全、定期保全、预知保全
	重点改善项目管理	项目管理团队活动、小组活动
	提高事务效率	管理、间接、支援部门的效率化
	构筑品质保全体制	不出现不良的条件设定及其维持管理
	构筑情报管理体制	开发容易制造的产品，容易使用的设备
	构筑安全管理体制	建立灾害"零"、公害"零"体制
升华期	TPM 的升华	挑战世界一流水平，展开"零"缺陷活动

品质保全的结果管理和要因管理

结果管理和要因管理是品质保全过程中的两个重要环节，那什么是结果管理和要因管理？两者的关系是什么呢？下面我们一起来看看。

☞什么是结果管理和要因管理

结果管理：在产品的制造工艺中，直接检查和测定产品的结果状态（质量特性），对质量特性的绝对值、变化、偏差等进行监视，实施正常、异常的管理，发生异常的时候，对产品制造工艺中涉及的人员、设备、材料、方法、信息进行反馈和采取对策的管理方法。

要因管理：对有关产品制造工艺中所涉及的人员、设备、材料、信息，设定其在正常生产情况下必须达到的各种条件，并对这些条件进行检查测定，监视它的正常或异常，一旦发生异常，直接找出异常项目予以修复的管理方法。因此，如果事先在产品的质量特性允许值之内设定好各种管理条件，就可以在不良品发生前对异常进行修复。

☞结果管理和要因管理的关系

结果管理就是发现产品异常以后分析它的要因，并进行修复，因此，这段时间内存在着出现不合格产品的危险。要因管理则根据产品的性质，而且能用于不能实施结果管理的产品上。而且在制造工艺方面，焊接、热处理工序必须进行破坏性检查（最近已开发出非破坏性检查法），因为不能对所有产品进行检查，所以要实施彻底的要因管理。

大多数工业制品是在制造工艺中和发货时，能直接检查合格与否的产品，人工检查全部产品的质量特性又没有效率。因此，实践中采用自动检查系统和统计学上的抽样检查方法，保证每批产品的质量。虽说抽样检查方法提高了检查的效率，但不能保证产品得到用户的完全满意。因此，必须在开展结果管理的同时，对制造产品的要因进行彻底管理。

品质保全的推行方法

推行品质保全需要采取的方法包括组建品质保全小组、树立样板线、全面展开。下面我们具体来看看。

☞组建品质保全小组

由 QA 部门领导组建，由 QC、各 TPM 专业组及生产、物流、设计等相关部门技术骨干参加的公司品质保全小组。以公司层面的视角开展全面的质量保全工作。

☞树立样板线

品质保全小组成立后，先选一条样板生产线，针对该线的生产特性，从原料的纳入到最终成品的出库，进行全流程的品质保全管理，严格按照不生产不良产品的目标在样板线执行，针对与此目标有偏差的问题，专业组须到现场寻求对策。并对普遍的问题做记录，以方便将来的资料整理和翻阅。

☞全面展开

样板线不良为零实现且稳定后，再向全公司全面展开，先从生产部着手再到物流、事务部门。不放过任何一个与质量有关的细节。全面开展时，光靠保全小组的能力是远远不够的，这时就需要公司高层的参与和各部门领导的重视，才能取得成果，同时按照品质保全七步法的要求逐步推进。

品质保全的七个步骤

开展品质保全活动，必须具备以下两个条件：第一，设备不是强制劣化的状态（保持基本条件的状态）；第二，操作者熟悉设备，非常了解自己设备的功能、构造，并具备点检技能。

在建立小组以后，进入实际运行阶段。开展品质保全要按七个步骤进行活动。

☞步骤一：把握现状

以产品的所有质量特性为对象，把握它的现状。因此，把握现状应该是把握从第一道工序到结束全部加工的整个生产过程的现状，而不是只把握某道工序或某个特定的不正常环节的状态。下面是把握现状的六个要点及说明，如表 2-22 所示。

表 2-22　把握现状的六个要点及说明

要点	说明
整理出各层次的不良状态	把握现状的第一步是收集过去在各工艺、各设备发生不良（修复）情况的数据，然后分工艺、设备整理出全部"不良状态"。整理方法是"对月度不良统计"、"每天不良情况的详细记录"，对过去 6 个月的情况进行分析。可认定不良状态由包含组长在内的数人根据质量危险预知记录进行整理，将不良（修复）状态按层次分类，按工艺进行分类整理
质量管理方法	包括划分不良状态的影响力、频率、重要性的档次和整理现行。对整理过的不良状态划分它的不良影响力（A—D）、频率（I—N）、重要性（影响力×频率）的档次，而且对各质量特性的管理方法进行整理
用直方图分解	在前两个要点所述的基础上，不良状态用直方图进行处理
调查差异	逐一调查各不良状态中设备的运转、作业条件、工人的标准作业与实际作业的差异。从工艺、设备开始，逐一对设备的运转、作业条件，以及工艺的标准作业与实际作业的差异等进行调查

要点	说　明
调查质量特性的误差和加工能力	从影响力、发生频率出发对重要的工艺、设备质量特性的误差和加工能力进行调查。对影响力为 A（设计上，在重要安全保证部位设定的重要安全保证特性）、B（直接影响车辆或成套设备的性能质量的部位，对以后的工艺会产生影响）及频率重要性为 I（现在发生频率最高的修复不良项目）的任何一个所涉及的加工设备，对它的误差加工能力进行调查
后续工作	制定今后发生不良时的数据收集方法并加以实施。制定数据的收集方法，使得能够对不良状态的数据进行层次分类。每天发生的不良情况，均一一记入"不良的原因记录"，在活动板上，按工艺、设备、现象分别标上"F"，使人一目了然

☞步骤二：第一次修复不正常状况

把握现状后，需要对原因清楚的不良现象、设备的运转条件、作业方法方面偏离基准的条件实施修复和改善。所谓原因清楚，即从过去的要因分析和修复记录中，用理论说明原因。

修复的步骤按下列顺序进行：在把握现状报告中，记入原因清楚的内容；研究原因清楚的项目的对策方法；制定对策计划（日程、实施部署）；实施对策；确认结果（不良的发生频率、误差、加工能力的变化）；无效时进行第三步骤的要因（分析慢性不良的要因）分析。

☞步骤三：分析慢性不良的要因

原因不明的不良现象也就是所谓慢性不良，在制造现场很常见。质量保证的前提是对慢性不良现象进行彻底的要因分析，消灭不良。事实上，原因不明的慢性不良有许多真正的原因在里面，许多情况下，即使对某个真正的原因采取了对策，不良现象可能依然存在。

慢性不良现象的要因分析分为如下四个步骤：决定实施要因分析的人员（从制造、技术、检修、检查中选择，约三四名）；对把握现状后还不知道原因的不良现象，按照其影响力、频率的大小选定要因分析的对象；依据现有对象、工艺设备的操作手册、图纸做出"可靠性方块图（系统构成图）"；进行 PM（项目管理）分析。

☞步骤四：消除慢性不良的方法

在 PM 分析调查原因得出结果以后，对所有明显不好的项目和不正常的项目实施对策。对策是先修复原来的应有状态，对修复后立即又坏的项目，实行更改系统设计等改善。具体实施过程如表 2-23 所示。

表 2-23　消除慢性不良的方法

方法	实施要领
消除慢性不良的步骤	①对要因调查结果中判定为不正常状态的部位进行修复或者制定改善方法和修复改善日程计划；②实施修复改善；③确认结果（不良现象的发生效率、加工能力）；④效果不好的场合，再次修正要因分析表（或者修正调查判断表）；⑤再次修复改善；⑥确认结果
调查结果和找出不正常状态	判定调查结果，找出不正常状态时，要注意以下几项：①不放过任何微小的不良、缺陷，不考虑它的影响力，进行全面调查并找出缺陷；②也考虑与其他因素综合在一起的原因并加以判定；③在难以判断的地方，注上"△"，以便以后再次进行调查；④在调查中，难以判定的现象中有磨损的现象。应有状态的尺寸等明确规定的场合可以判定，相反也有难以判定磨损的程度是不正常还是正常的情况。这种场合，一律判定为不正常或标上"△"，作为保留项目
制定改善方案	对调查结果中的不正常项目，分析为什么会这样。如遇到不正常项目螺栓松动时，追查它的原因，找出证据，制定对策，最后形成改善方案
实施对策	研讨以上的改善方案后实施对策。即在彻底进行不正常部位的修复的同时，对改善方案中提出的要因实施对策。但是，在仅仅是修复而难以实施对策的场合，或者确认修复结果不好的场合，或者希望恢复后更容易保持结果并延长使用寿命的场合进行改善

☞步骤五：设定无不良品的条件

步骤四已提出对不良现象的解决方法，接着进入质量保证。具体实施过程如表 2-24 所示。

表 2-24　质量保证的方法

方法	实施要领
设定实施 PM 分析后的无不良品的条件	传统做法是完成了对策后只将坏的原因部位列入检查项目，防止复发。但造成这种慢性不良很可能再次发生。因为，如果按要因分析整理，即使在调查阶段中判定为无问题，也会由于自然劣化等原因而转变成恶化状态。在慢性不良的场合，因为有数个发生原因，在防止对策上必须包含认定为要因的所有项目。虽说如此，由于要考虑的要因的零部件有数十乃至上百项，不可能直接进行日常检查。因此，以 PM 分析表上部分的构成系统（成立条件）为代表来进行检查。这时，在要因调查阶段使用的调查方法是现有状态的检查方法。应进一步改善这种调查方法，并应用设备诊断技术。仍然要把调查时好坏的判断基准值作为点检的管理临界值，判断检查项目的内容，同时决定检查周期和检查人员。以上的检查项目是无不良品的条件。这些在 QM（品质维修）矩阵表中，归纳为质量特性和设备的管理条件（无不良品的条件）的相关矩阵图
设备不用 PM 分析的无不良品的条件	设定针对第一次不正常已采取对策的质量特性及其他质量特性的无不良品的管理条件。设定方法利用 PM 分析时的设定方法
设定无不良品的条件的步骤	①以慢性不良为对象的 PM 分析表的调查项目（包含调查判定时没发现问题的部位）作为要因管理项目，将它与质量特性的关系归纳到 QM 矩阵表中；②整理出影响质量特性的不良现象；③对整理出的不良现象进行物理解析；④在物理解析的基础上，整理出成立条件；⑤研究成立条件，检讨方法；⑥用成立条件和调查方法来置换 QM 矩阵；⑦设定管理临界值、检查周期、检查人员；⑧在 QM 矩阵表的基础上，追加清扫、加油等检查基准书和专门检修周期的检查基准书及管理工程图
设定无不良品的条件的步骤	①对实施第一次不正常对策后的质量项目，以及其他质量特性按 PM 分析的步骤检讨管理项目及其检查方法，将它与质量特性的关系归纳在 QM 矩阵表中；②判断管理项目和质量相关影响力，划分级别（◎、○、△）；③决定管理项目的检查方法和管理临界值、检查周期（根据质量影响力）、检查人员；④将管理条件记入设备自主保全基准书和自主保全核查表中；⑤将其追加到管理工程图和质量表中

☞步骤六：管理无不良品的条件

步骤六的重点在于严格执行无不良品的检查项目（要因管理）和关联产品的质量结果（结果管理），参照它们的相互关系进行倾向管理。如果检查结果值接近管理临界值，就认作危险信号，准备好本次项目在要因分析表中列出的应修复的组成部位，实施修复。

　　管理无不良品的条件按以下四个步骤进行：根据 QM 矩阵表的设定周期实施检查。对此测定数值的项目，制作倾向管理图，对检查结果进行倾向管理；在倾向管理的检查中，如果接近管理临界值，就缩短检查周期，注意测定值和质量变化的关系，制定修复计划，准备更换零部件等；在发生不良品前进行修复；确认结果（设备的检查数值和质量测定值）。

☞步骤七：改善不良品的条件

　　把 PM 分析使用的调查方法和判定基准转化成检查方法和管理临界值，但不能说这种方法一定有效。

　　必须改善检查方法，使其更加简单，将定性的检查方法转化为定量的检查方法，与结果上的质量变化的倾向保持互相关联。例如，用千分表测定旋转主轴的振动这种检查方法，是从 PM 分析的 4M 关联性分析主轮的磨损等引起不良的要因。这类磨损、松动的部件，表现在主轴振动的同时，回转振动的变化。在这里可以用振动计进行检查，也能在设备运转时进行检查。只是要找出振动的大小、波动量与质量的相互关系，必须很耐心地积累数据。同上面一样，可以通过活用诊断技术，将检查方法改善为更科学的方法。而且，管理临界值和检查周期也可以在实践的基础上不断修正。

　　即使按步骤实施以无不良品为目标的质量保证，也不能完全实现无不良品。基于这样的想法，通过过去积累起来的制造技术、方法、成型工具、切削工具等来完成新的管理项目，从而实现无不良品的目标。

第七章　事务部门的效率提升

　　本章所说的"事务部门"也称间接部门，包括总务、行政、安全、财务、人事、生产管理、产品质量管理、采购、对外承包、成本管理、生产技术、设计、设备保全和工程管理等部门。TPM 活动中事务部门的工作主要是消除无效的劳动，预防错误的发生，提高工作效率，确保顺畅地处理各项事务。

事务部门 TPM 效率的展开

事务部门效率直接影响 TPM 活动的展开和效果，那怎样正常展开事务部门工作、推进 TPM 呢？下面我们一起来分析。

☞事务部门普遍存在的问题

当 TPM 现场管理被应用到事务间接部门的时候，应该将该部门视为收集、加工、提供情报的事务工厂。从这个角度分析可以发现，事务间接部门和制造工厂类似，同样存在着不少事务效率损失。在事务间接部门中，最有代表性的损失有三大类：时间损失、品质损失和物量损失。

在推进 TPM 过程中，事务部门普遍存在的问题主要体现在以下方面，如表 2-25 所示。

表 2-25　TPM 活动中事务部门存在的问题

序号	内　容
1	没有充分实现信息共享和业务的标准，工作成为个人的责任。因工作个人化，不是负责人就不能处理业务
2	难以把握工时，从而难以了解处理业务当中的空闲
3	对异常或问题点把握困难，时间往往消耗在事后的责任推诿上。因工作个人化，即使有了问题，如果不出现外部顾客或交易商要求赔偿，就难以发现
4	整理整顿没有明确落实，文件多造成各种浪费，比如发生查找文件、装订、空间、复印等各种浪费

☞事务部门效率提升具体事宜

在事务部门实施 TPM 的首要问题是树立事务工厂的观念，即将一个部门视为一个工厂，大力倡导员工的自主合作。例如，企业的货品保管仓库的保管员，其主要工作是每天整理库存、进料与发料。实施 TPM 后，保管员就应将自己负责的仓库当作企业，自觉地经营好自己的事业。

事务部门实施 TPM，要按照 TPM 的精神和原则，因地制宜，采用适当的做法在事务间接部门实施 TPM。实践经验表明，TPM 的实施能够不断地改善间接部门的工作，具有一定的实际价值。

在事务间接部门实施 TPM 的过程中，应该按照 6S 和 TPM 在生产现场的指导原则和具体要求，对工作现场的各种物品实行减少分类，对工作没有用处的物品坚决舍弃，从而消除各部门内的脏乱问题。

重新考虑间接部门内物品的摆置方式，也是 TPM 实施过程中需要完成的工作。办公桌的摆放是否合理、文件柜中的文件是否摆放合理、物品是否都有固定的放置场所、能否保证在 30 秒内拿到工作所需的物品，这些都是在事务部门实施 TPM 时应考虑的问题。

事务改善的原则、形式和要领

事务改善是指间接部门的改善活动，包括生产管理、销售管理、行政后勤管理以及其他间接管理业务的改善活动，目的主要是消除各类管理损耗、减少间接人员、改进管理系统、提高办事或事务效率，更好地为生产活动服务。

☞事务改善的原则

无效率和办事拖拉是事务工作的常见问题，尤其是办公室工作人员的老爷作风较为普遍，动手能力较弱。再加上长期以来企业重点放在改善生产的效率上，将事务工作放在了一边，对事务工作影响生产效率的因素不够重视，因而形成事务作业流程普遍较长、较繁杂，将简单的作业复杂化。所以，我们在改善事务作业时须从简化作业流程和提高作业效率方面入手。

事务改善要遵循以下两项原则，如表 2-26 所示。

表 2-26　事务改善要遵循的两项原则

原则	内　容
事务改善少量化	尽量将事务工作的手续简化，可以将一部分相同性质的工作进行合并，也可以将部分作用不大的工作干脆删除等方法，使不产生效益的事务工作项目减少。比如有一家企业员工在打完工卡进入车间前还必须在门口的保安处签名。这种看上去毫无意义的重复工作的发生，就是因为在企业没有实行工卡考勤前要员工签名来做考勤，而在企业实行工卡考勤后保安部门的做法却没有立即改进，造成员工在进入车间前排队签名这种不必要的工作存在

原则	内 容
事务改善规范化	各种企业管理标准、软件大多是为生产管理的规范而设计的，当生产作业进行高度的规范化后企业仍存在影响生产效率的因素，那就是事务工作的间接原因造成的。所以在对生产工序进行规范化的同时，企业要想全面提高生产效率就必须对事务工作实行和生产工作一样的规范化才行。具体的方法包括流程制度化、动作标准化、浪费明显化等

☞事务改善的形式

事务越来越繁杂，则有必要推行合理化的事务改善。事务改善有两种形式：一种是事务改善，另一种是事务革新。如表 2-27 所示。

表 2-27　事务改善的形式

事项	内 容
事务改善	所谓事务改善是指对现行的事务制度及事务手续进行研究改善，以提高事务作业的效率。这种提高事务作业效率方法又可分为下列两种：一是事务作业效率个别性的提高。对于个别性的事务作业适当地加以改善，设法花最小的事务费用而获取最高效率的事务作业，如应用电子计算机代替人工或推行事务人员职能分析。二是事务作业效率综合性的提高。个别事务作业常常难以分开，经营管理者应以综合性的眼光来衡量事务作业的全系统，并设法加以改善，使事务作业的处理既迅速又经济，如统一支付制度的实施或事务流程及工作分配的推行
事务革新	事务革新是一种以管理目的为出发点的事务改善，其目的在于革除一些与管理目的不相符合的事务，创立一些合乎管理目的的事务，使新设立的事务制度最经济最有效

☞事务改善的要领

事务改善要把握以下要领：一次写成的制度、落实督促制度、应用查检表。如表 2-28 所示。

表 2-28　事务改善的要领

事项	内　　容
一次写成的制度	在一般事务处理中，各部门分别填制形式不同而内容相似的同一事务系统，因而增加许多抄录的麻烦与错误。因此我们可以利用一次写成的制度，将该事务系统所需要的各种传票仔细分析归并，把需要传票的份数一次填制，如此可省抄录的麻烦与错误。我们可用复写的方式或复印的方式，将所需要的传票一次印制。一次写成制度的优点是节省填写时间、增加事务处理的效率、减少转记或抄录的错误与麻烦、信息传递迅速；缺点是复印过多造成成本提高、传票装订成册代替账簿，从而缺乏一览性的功能，增加传票的保管或寻找的麻烦
落实督促制度	督促制度是指所应该处理的事务督促者到要处理的时日会自动地加以催促的一种方式。它可以弥补记忆力或备忘录的不足
应用查检表	查检表也可用作事务改善的工具，其一般的内容如下：日常事务有无可取消之处；日常事务有无可合并之处；部门之间有无重复工作机能发生；传票或表格有无改善的余地；传票或表格是否传递过多部门；无关紧要的部门是否可取消；类似的表格是否可一次书写完成；是否可以督促和帮助事务工作的进行；事务处理手续可否固定化；文件表格的副本或抄本是否要求过多；签章是否过多；转记是否错误过多

事务部门效率提升六大要点

在 TPM 活动中要提升事务部门的效率，就必须把握要点，这样才能真正提高效率。事务部门效率提升有以下六大要点：

☞设定目标

经营者应下定决心，设定明确的目标。此为最基本的前提。经营者在设定目标时，除人数或费用的问题外，还要弄清楚事务部门的管理水准，怎样的水准才合乎需要。

☞拟定计划

根据经营者设定的目标，拟定综合推行计划。事务部门效率化的本质在于改变人的想法和行动，这是长期性的主题，因此对于有关问题要充分检讨，同时也必须有"长期目标"与"短期目标"，使各部门协调配合，以利于事务部门的工作有效推行。

☞检讨业务

重新检讨"业务"在本质上的必要性。凡是"工作"，以往认为"必要"的事务，只要当事人"想法改变"，一夕之间也可能变成不必要，因此，必须检讨各种业务为何如此做，并从基本上加以检讨，彻底追究各项事务的本质。倘若停止这些事务的进行，经营上会带来多少实际的害处。不少高层主管认为"事务部门是因为有需要才做"，这种想法其实并不正确。在企业内，即使"需要"也不做的工作多的是。总之，要从根本上改变想法，先要大刀阔斧地把以往认为必要的实际并不需要的工作流程去掉，这样事务部门效率提高，才会有好的开始。

☞据实调整

"不可或缺"的业务的测定及少数精锐机动组织。一般的间接业务，其工作"量"和"质"都随着具体工作情况而改变，因此必须考虑到工作量的多少而做机动性的调整。在企业内事务部门如果有"固定的组织观念"和"固定人员的思想"，结果必定导致不经济。因此，必须建立起少数精锐构成机动而老练的组织，进一步重视员工的能力负荷计划，使组织能灵活地运行。

☞中间管理者的干劲

为持续有效地推行事务部门效率化，必须有最高管理者的强力支持，而实际上从事推进公司内事务部门效率化的全体干部，应由衷相信"事务部门效率化"的必要性，自动自发地燃起干劲，营造一种适合推动革新计划的工作氛围。

☞积极活用变化来推进事务部门的效率化

公司内的事务部门有一种特性，就是受旧习惯的影响很深，因此推动事务部门效率化时，应尽量活用经营上的条件变化。例如，建新厂时、生产量增减时、组织改变时、干部人事变动时、工厂布置有所改变时、增加新设备时，都必须积极地推动事务部门效率化，以便顺利完成经营计划。

第八章 安全环境活动的展开

TPM 现场安全环境活动的目的是为了创建安全、整洁、温馨、充满生机的工作环境，实现"零灾害"。为此，要分析 TPM 现场不安全因素的成因，开展 TPM 现场的 KYT 安全管理活动，更需要 TPM 现场安全工作推行的要点。

TPM 现场不安全因素的种类及事故处理步骤

安全环境的保全要点是在事前防范，TPM 通过成立安全环境保全专业组的形式，在全公司范围内按步骤分阶段有计划地导入安全教育和训练，将公司的安全工作标准化，同时通过改善提案的形式以发动全员创建安全的工作环境。从规范和训练人的安全行为意识开始，通过危险预知的教育、危险状况模拟训练以及分析和查找现场不安全因素，制定整改措施等活动，使工作现场的安全事故为零。

☞TPM 现场不安全因素的种类

现代企业中，造成事故灾害的根本原因是存在着种种不安全的因素，如缺乏防护、保险、信号装置，或设备、设施、工具附件有缺陷，个人劳动保护用品、用具缺少或有缺陷，生产作业场地环境不良等。此外，企业员工有不安全行为，如忽视安全、操作失误、使用不安全设备、以手替代工具操作、物体存放不当、忽视或不用防护用品等。

总的来说，不安全因素的存在导致了危害事故的发生。一般把企业中不安全因素分为危险因素和有害因素两种。对人造成伤亡或对物造成突发性损坏的因素称为危险因素，影响人的身心健康、导致疾病（包含职业病），或对物造成慢性损坏的因素称为有害因素。

TPM 现场常见不安全因素按危险因素和有害因素可分为以下五类，如表 2-29 所示。

表 2-29　TPM 现场常见不安全因素类型

类型	内　容
物理性危险因素和有害因素	这些危险因素和有害因素是由于机械物理性能方面的原因而产生的，是企业内数量最多、涉及面最广的一类危险因素和有害因素。主要有：设备、设施缺陷，如设备、设施的强度、刚度、稳定性不够，操纵器、制动器失灵、损坏，绝缘不良，密封性差等；防护缺陷，如缺少防护装置或设施，防护不当或失灵，安全防护距离不够等；信号缺陷，如无信号设施或信号的位置选用不当，信号显示不清或不准等；标志缺陷，如无安全标志，标志位置不当、不规范、不清晰等；噪声和振动过大，如碰撞或冲击；热辐射、电离辐射和紫外线、微波、激光等非电离辐射以及采光照明不良等；粉尘、无安全通道等作业环境不良；作业环境中气温、气压过高、过低、高温、高湿等
化学性危险因素和有害因素	这是由于下列物质而造成的危险和有害因素：爆炸性的气体、液体和固体；易燃性的气体、液体和固体；有毒性的气体、液体和固体；腐蚀性的气体、液体和固体；自燃性物质；氧化剂、过氧化物等
生物性危险因素和有害因素	这是由于以下各种致病微生物所造成的：细菌、炭疽杆菌；病毒；其他致病微生物
生理性危险因素和有害因素	这是指员工自身心理和生理方面的不安全因素。体力、脑力、视觉、听觉的疲劳和过度紧张；体力超负荷造成劳损；情绪和健康状况异常；不适应作业；冒险心理等
人为的危险因素和有害因素	这是由于员工失职，尤其是违反安全标准所造成的：错误指挥、违章指挥等指挥失误；违章作业、误操作等操作失误；失职等

☞TPM 现场事故处理步骤

TPM 现场事故发生时应该遵循以下步骤，如表 2-30 所示。

表 2-30　TPM 现场事故处理步骤

序号	内　容
1	事故发生后，首先应救护受伤者，并采取措施制止事故蔓延扩大
2	要认真保护现场，不得破坏
3	对现场所有物件均应标记，保持原样，注明时间、地点和管理者

序号	内　　容
4	做好原始记录，写清楚事故发生的单位、时间、地点以及受害者的姓名、性别、年龄、文化水平、技术等级、本工种工龄和他们所受安全教育、事故经过、设备和环境状况、所使用原料及物理化性能等，以供分析
5	进行系统的安全分析，一般利用鱼骨图，从人、物、环境、方法等几个方面进行分析

事故有必然性和偶然性两种。由于不安全行为和不安全条件所引起的事故是必然事故，必然事故是可以预测的，偶然事故就难以预测。从现有事故看，绝大部分事故属于必然事故，是可以做到预测、预控和预防的，只有全面分析伤害事故和人肇事故，才能准确掌握事故发生的倾向和概率，提出较切合实际的预防对策。

TPM 现场的 KYT 安全管理活动

危险预知训练（Kiken Yochi Trainning，KYT）是针对生产的特点和作业工艺的全过程，以其危险性为对象，以作业班组为基本组织形式而开展的一项安全教育和训练活动，它是一种群众性的"自我管理"活动，目的是控制作业过程中的危险，预测和预防可能发生的事故。在 TPM 现场开展 KYT 安全管理活动，可以有效消除安全隐患。

☞TPM 现场 KYT 管理内容

TPM 现场的 KYT 管理内容如表 2-31 所示。

表 2-31　TPM 现场的 KYT 管理内容

事项	内　　容
相对固定生产岗位作业中的 KYT 活动	此类作业在开展活动的初期，要发动广大员工查找危险因素，挖掘作业过程中人的不安全行为和物的不安全状态，以及其相关的影响安全生产的各类因素。通过一段时间试运行后，车间可根据实际情况编制标准化 KYT 活动卡片，在作业过程中进行复述确认。如果生产工作的内容发生了变化，则按照正常的 KYT 活动进行操作

事项	内　容
维护检修作业的 KYT 活动	此类作业必须严格按照 KYT 活动程序进行，即每一项任务都要开展一次 KYT 活动。从实践效果看，KYT 活动对检修类的作业能起到很好的控制作用
班组间组合（交叉）作业的 KYT 活动	此类作业由接受任务的班组指派的作业小组负责人承担参与作业人员的 KYT 活动的组织
抢修抢险作业的 KYT 活动	参与此类作业的单位或部门应在有条件的情况下，根据作业内容尽可能做到预先分类地开展 KYT 活动，并制作成抢修抢险应急预案 KYT 卡片，在作业前让员工熟知。抢修抢险时，由现场负责人监督执行

☞TPM 现场 KYT 管理步骤

结合 TPM 现场班组作业特点，作业过程中开展 KYT 活动应遵循九个步骤，如表 2-32 所示。

表 2-32　TPM 现场 KYT 管理步骤

序号	内　容
1	由班组长针对当班生产任务划分作业小组，指派工作能力强的人担任作业小组长
2	作业小组长组织作业人员，持 KYT 卡片到作业现场开展 KYT 活动
3	作业小组长向作业人员介绍工作任务及程序，采用有效的方法调动作业小组参与人员针对工作内容及程序，查找或预测可能存在的危险因素
4	作业小组参与人员应结合各自工作内容，有针对性地挖掘危险因素，并提出相应的防范措施
5	作业小组负责人（小组长）将收集到的危险因素及其对应措施的信息，整理记录在 KYT 活动卡片上，再次对所有作业小组参与人员进行一次复述，待所有人员认同后，进行签字确认
6	作业小组负责人确认后开始作业，作业完毕后，应在当天将卡片交班组长检查认可。有条件的话，班组长应到现场进行检查验收
7	作业参与人员在指出危险因素时，要充分利用身体语言对危险因素加以描述，强化对危险形态的直观认识

序号	内　　容
8	作业过程中要持续运用"手指触动提示"和"触动报警"，保持现场作业人员对危险的警觉
9	对小组参与人员针对危险因素提出的相关防范措施，现场能立即整改的应在整改完毕后开始作业

TPM 现场安全工作推行的要点

推行 TPM 现场安全工作，必须抓住要点并做实做好。TPM 现场安全工作推行的要点包括风险评价、加强监督、总结工作、更新理念四个方面，下面对其进行一一阐述。

☞风险评价，抓好源头控制

风险评价是企业安全管理中采用的一种技术手段，通过危险源的划分和预评价，找出各单位中存在的危险因素，然后有的放矢，采取必要的安全对策加以解决，从危险源头上予以控制，来达到安全生产目标。因此，该公司依据本身的生产特点，将整个生产流程划分为若干单元，然后进行危险分析和不可接受危险程度的评价，对不可以接受的因素，及时拿出相应的安全对策和资金进行整改，而对不能接受的危险，则告知员工可能发生的结果，以及应怎么预防。

☞加强监督，做好隐患整改

监督检查是安全生产管理工作的一项保证措施，是安全管理网络里的一个双向载体，通过它可以对公司的安全决策监督实施，又能快速向公司决策层反馈最新的安全信息，并根据这些信息做出决断，其目的就是及时发现危害因素，快速消除安全隐患。

☞总结工作，实现整改提高

通过阶段性的总结和评比找出差距，找出安全管理中的漏洞，作为下一阶段应解决的问题，达到提高整体安全管理水平的目的，这个提高包括言论理念和行为意识，客观环境和管理技术。这方面工作的开展是全方位的，更注重强调各二级生产单位的开展，充分调动和发挥各二级生产单位一线员工的积极作用，真正实现一个全方位的安全群防体系。

☞更新理念，注重以人为本

找准"以人为本"这个切入点，开展具有针对性的长期细致的工作，从根本上改变"要我安全"到"我要安全"思想的彻底转变，将安全预防工作的重点前移到加强安全教育、提高全员安全素质的环节上来。通过安全制度的建立和完善，以及安全生产责任制的制定和落实，提高全员安全生产意识。

第三部分：设备管理，重在正确操作、点（巡）检与预防性维修

设备管理是科学性的管理，其科学性主要通过以下几个方面来体现：正确操作设备是控制技术状态变化和延缓工作能力下降的首要事项，只有操作者正确使用设备，才能减少和避免突发性故障；设备点检管理是一种及时掌握设备运行状态，指导设备状态检修的一种严肃的科学管理方法；TPM设备维修管理模式是一种全员生产维修模式，更加重视操作者自主维修，在改善人的素质的同时改善设备的素质，提高设备效率；设备维修的日常管理需要建立设备管理机制，制定设备的维护、保养计划。

第一章　设备的正确操作

设备在负荷下运行并发挥其规定功能的过程，即为使用过程。设备在使用过程中，由于受到各方面，如使用方法、工作规范、工作持续时间等影响，很可能发生变化而出现故障。要减少设备的磨损及降低设备出现故障的概率就必须正确操作设备。正确操作设备首先需要操作者具备一定的操作能力，熟知安全操作的基本内容，把握设备管理工作中设备的正确使用和精心维护方法这两个重要环节。

TPM 设备操作人员的四种能力

为了充分发挥设备的能力，必须实行"自己的设备自己管理"。因此，操作者除了应具有制造产品的能力外，还必须具备四种能力，以对设备进行保全。下面我们就来介绍这四种能力。

☞能发现设备异常的能力

能发现设备异常的能力并不单纯是设备发生故障或产生不良时才发现，而是在设备发生故障或要产生不良之前，能对这些问题一目了然，只有这样，才能真正称为"异常发现的能力"。

☞能正确地、迅速地处理

对于已发生的异常现象，只有使之恢复至原来的正确状态，才能发挥设备原有的功能。而且还应能根据异常的程度来决定是否应向上司及保全部门报告。

☞判断基准应定量

发现异常的能力，常常取决于个人的经验和眼力，缺乏这些能力就不能及时发现异常，为了防止这种现象就应该制定一个标准，以判断设备是否正常。这种标准不能单纯地、不明确地表达为"不得有异常的发热"，而应定量为"××度以下"。但是，在具体的操作过程中，与其重视其正确度而延迟执行，还不如先定一个临时基准，再多次修正，以定出更为适当的基准，这种方法比较现实重要。

☞严格遵守标准

只有在发生异常前加以预防，才能安心地使用设备，为此，就必须严格地遵守既定的标准，比如"清扫、加油标准"、"自主检查标准"等。同时还应考虑为什么有的时候未能遵守，并不断地完善设备、修订检查方法（维持管理能力）。

TPM 设备管理安全操作的基本内容

设备是一个企业生产活动运行的心脏，一旦稍微出现一些故障，就会在运行中出现一些问题，从而影响整体的效果，因此维护好设备是非常重要的。而设备产生故障的原因有很多，有人为因素，有客观因素等。但设备故障大部分是由于人为操作或护理不当等因素造成的，因此对企业员工来说，熟知 TPM 设备安全操作内容是必须的。设备安全操作的内容有很多，下面介绍设备安全操作要求、设备使用程序两个方面的内容。

☞设备安全操作要求

设备安全操作要求包括以下内容，如表 3-1 所示。

表 3-1　设备安全操作要求的内容

序号	内　　容
1	正确佩戴好个人防护用品：①进入操作现场前要穿好工作服，戴好工作帽，头发要塞到帽内。②不得穿凉鞋、中高跟鞋，不得穿裙子或短裤，摘除围巾、吊挂首饰和其他装饰物。③高处作业要系好安全带或安全绳，佩带工具袋。④不得使用本操作禁用的防护用品
2	操作前要对生产设备进行安全检查，先空车运转，确认正常后再投入运行
3	生产设备在运行中要按设备操作规程进行安全检查
4	生产设备严禁带故障运行

续表

序号	内　　容
5	生产设备的安全装置必须按规定使用，不准将其拆掉
6	生产设备运动部位零件要检查是否牢固
7	生产设备在运转时，严禁直接用手碰撞设备、进行润滑或清扫杂物等
8	生产设备运转时，操作者不得离开工作岗位
9	工作结束后，应切断电源，清理设备，并打扫好工作场地

☞设备使用程序

设备使用程序如表 3-2 所示。

表 3-2　设备使用程序

事项	内　　容
凭上岗证上岗操作设备	设备操作证是允许操作工人独立使用设备的证明，是生产设备的操作工人通过技术基础理论和实际操作技能培训，经考试合格后取得的，操作特种设备如锅炉的配电设备操作人员，必须有国家承认的特殊工种职业证书
定人、定机制度	使用设备应严格岗位责任，实行定人、定机制度，以确保能认真、正确地使用设备，维护设备
按照设备操作维护规程进行操作	设备操作规程是设备操作人员正确掌握设备操作技能的技术性规范。操作人员必须认真执行设备操作维护规程，可保证设备正常运转，减少、防止事故发生
填写《设备运行记录表》	设备操作者必须认真、及时、准确地填写《设备运行记录表》，《设备运行记录表》包括设备正常及不正常运行状态下的一些相关信息、数据，作为事后追踪的凭证
使用设备岗位责任制	为加强设备操作工人的责任心，避免发生设备事故，必须建立设备使用者的岗位责任制
交接班制度	交班人在下班前除完成日常维护作业外，必须将本班设备运转情况、运转中发现的问题、故障维修情况等详细记录在"交接班记录本"上，并应主动向接班人介绍设备运行情况，双方当面检查。交接完毕后在记录本上签字，如中途设备不允许维修时，可在运行中完成交接班手续

TPM 管理设备的使用及完好状态

　　设备的正确使用和精心维护，是设备管理工作中的重要环节。机器设备使用期限的长短、生产效率（生产出库产品质量及成本费用）的高低，除了取决于设备本身设备性能的好坏，在很大程度上也取决于它的使用和维护情况。为此必须明确生产操作人员和设备维护人员的责任与工作内容，建立必要的规章制度，以确保设备使用维护各项措施的贯彻执行。

　　设备的使用和维护工作包括设备技术状态的完好标准、设备使用的基本要求、设备操作维护规程、设备的日常维护与定期维护、设备故障和事故处理等。设备的技术状态是指设备所具有的工作能力，包括性能、精度、效率、安全、环保、能源消耗等所处的状态及其变化情况。设备技术状态良好与否，直接关系到公司产品质量、数量和成本筹划指标能否顺利实现。下面我们以表格的形式展示设备的使用及设备的完好状态，如表 3-3 所示。

表 3-3　设备的使用及完好状态的标准

序号	内　　　容
1	设备零件的完好性，指设备零部件和表面是否完整，零部件和表面的磨损情况以及设备润滑是否良好
2	设备生产安全防护，指设备在生产过程中的安全防护性以及可能对操作人员造成人身伤害的隐患及可能性
3	设备隐患，指设备存在一些隐藏的故障点，不及时维修或处理，会导致大的设备故障或产品质量事故发生
4	设备部件的紧固性，主要是指设备上的每一个零部件松动情况的体现（包括每一个螺丝等）
5	设备的防护装置，主要分为电器防护、机械防护和对人体的安全防护
6	设备的线路检查，主要是对主电路和控制电路的维护和检查，避免短路、断路和虚接现象的发生
7	设备的干燥性，主要指对设备电路和控制部分应保持干燥，应定期更换干燥剂
8	设备表面的维护，主要指设备表面是否有被腐蚀、划伤的现象以及设备表面的卫生情况

序号	内　　容
9	设备及管路的泄漏情况，包括产品、蒸汽、水等生产用料的泄漏
10	设备及管路的使用及完好状态，主要是查看：①车间管路与外围动力管路，比如阀门、活结、接头的泄漏及设备上的一些泄漏点，油类泄漏及设备一些生产介质的泄漏，蒸汽以及水路等生产用料的泄漏；②产品介质泄漏，水路泄漏，蒸汽泄漏，设备生产介质泄漏（如氨气、双氧水等），压缩气系统及压缩气管路泄漏，无菌系统泄漏
11	设备标识主要指车间设备必须有明显标识，表明设备的编号及名称，设备编号必须与设备台账编号相符，标识必须清晰醒目、完好无损。①危险性标识主要指易出现危险的地方必须有明显的标识（如"注意烫伤"）；②管路流向标识主要指车间管路必须标明流向且要求特定管路标识在标明流向的同时也要标明管路内是什么物质；③操作装置标识主要指车间一些操作装置必须有明显的标识，表明操作装置的作用，避免引起操作失误。设备完好要求设备能稳定，满足生产所需温度、开关等要求
12	动力设备的正常状态是运转时没有超温。设备运转正常、零备件齐全、安全防护装置良好、磨损腐蚀程度没有超过规定的技术标准，设备外观保持清洁、整齐，控制系统、计量仪器、仪表和液压、润滑系统工作正常、安全可靠。无润滑、漏水、漏汽、漏电现象

第二章　设备点检管理

　　点检是一种科学的设备管理方法，它是利用人的五官或简单的仪器工具，对设备进行定点、定期的检查，对照标准发现设备的异常现象和隐患，掌握设备故障的初期信息，以便及时采取对策，将故障消灭在萌芽阶段的一种管理方法。设备点检管理是利用人的感官和简单的仪表工具，或精密检测设备和仪器，按照预先制订的技术标准，定人、定点、定量、定标、定路线、定周期、定方法、定检查记录，施行全过程对运行设备进行动态检查。设备点检管理的要点在于了解设备点检管理的内容与要求，建立设备点检管理体系，念好设备点检管理"望闻问切"四字真经。

设备点检与人的健康体检的对比

设备点检与人体健康检查同样重要。人类为了身体健康，在医学理论方面发展了现代的预防医学，主要包括日常预防、健康检查和早期治疗。同样，设备为了延长寿命周期，确保在寿命周期内各项功能和性能满足科研和生产要求，防止因突发故障造成安全、环境污染事故和停机损失，也应当像人身体的健康检查一样，对设备进行早期检查、故障诊断和早期维修。

☞人体健康体检与设备点检的重要性对比

人体健康体检项目不尽相同，主要包括五官科、内科、外科、妇科等。如果想详细检查身体各个器官的各项指标，则有很多专项检查项目，比如，内科检查包括血压、脉搏、心肺听诊、胸腹部视触叩听等；外科检查包括淋巴皮肤、四肢脊柱、甲状腺、肛指检查、乳房、外生殖器等。花一些钱投资在健康体检上，早发现、早预防、早诊断、早治疗自然是最经济实惠的办法。

人体健康的专项检查相当于设备的点检，点检就是对设备的运转系统乃至各个部件进行检查，以便及时发现问题和解决问题，与人体健康专项检查的"早发现、早预防、早诊断、早治疗"是一个道理。

许多企业内都存在"出现故障就埋怨设备部门没做好"或者"设备本身有问题，我们生产人员没有关系或责任"等这些不正确的想法。然而，就像人类生病一样，我们难道能埋怨医生没有做好检查吗？我们应该反省自己，好好检讨一下平时的饮食起居和自我健康管理的方法等，应该像医生一样开展如定期检查（医生的定期诊断）、早期修理（医院的早期治疗）等工作，从而最大限度地提高设备和综合生产效率。事实上，生产线员工如果定期进行一些诸如紧固、注油、清扫和点检活动，不但可以保养设备，而且可以感知到设备和工艺异常，从而及早采取对策，避免故障或不良事故的发生。

☞设备点检的重要性和必要性

设备点检是一种预防的、主动的设备检查，是设备运行阶段管理的核心，无论在设备大修改造管理中，还是在设备状态管理、技术管理、设备资产管理中，点检都起着重要的作用。一方面，点检就是检测的重要手段之一。通过对设备关键点的测试，实时把握设备的状态，一旦出现问题，找出原因，及时地维护，让设备永远处在健康的状态。点检和一般的设备大检有所不一样，一般的设备大检查，不能每天进行，而点检，是根据设备的特点，进行的一种实时监测，这种点检，初始的时候会困难重重，但后期工作维护比较简单。另一方面，点检是设备预防维修的基础，是现代设备管理运行阶段的管理核心，也是现代设备管理意识的延伸和实施。通过点检人员对设备进行的点检作业，采取早期防范设备劣化的措施，使设备的故障消灭在萌芽状态之中。从而准确掌握设备状态，实行有效的预防计划维修和改善设备的工作性能，减少故障停机时间，延长机件使用寿命，提高设备工作效率，降低维修费用。

设备点检不仅是重要的，而且也是必要的，其必要性体现为以下几个理由，如表 3-4 所示。

表 3-4　设备点检的四个理由

序号	内　容
1	点检是设备维护保养最关键的环节，也是隐患控制的第一道防线。它可以第一时间发现运行中的设备不良、缺陷、劣化、隐患或故障，以使设备的异常状况得到早发现、早预防、早维修，从而避免突发性事故及暂变性故障引发损害扩大。同时，良好的点检也为维修维护提供依据，可以降低维修费用。一句话，点检是保证"安全可靠、持续均衡、清洁环保"目标得以实现的无可替代的一项重要工作
2	点检是运行人员最重要、最基本、最基础性的工作。这个工作没做好，意味着最严重的工作失职
3	点检也是对运行人员最起码、最应该、最一般性的工作要求。如果这个要求也不能胜任，意味着完全不能胜任岗位
4	点检还是最简单、最容易、最原始的事。它以人的眼、耳、鼻、手等为简单的工具，具有通用性。自有机器以来，就有点检工作

设备点检管理的内容与要求

设备点检管理，是为了保证设备系统安全稳定运行，延长设备使用寿命，实现设备"零故障"，降低维修费用。因此，要做好设备点检管理，首先必须清楚地了解设备点检管理的内容与要求。下面我们就来介绍设备点检管理有哪些具体的内容与要求。

☞设备点检管理的内容

点检制最初是由日本从美国引进的预防维修制发展而成的，现已成为实现状态检修的一种基础性工作。应用这种管理模式，将有效地掌握设备的各种状态，防止"过维修"和"欠维修"，减少设备的故障发生率，大大降低设备维护费用。因此，这种管理模式在世界上被广泛应用在设备管理上。

要实现状态检修，其根本在于即时、准确、全面地了解掌握设备的各种状态。在实践中，点检管理通常可分为日常点检和精密点检两类。日常点检是指在日常工作中持续对设备进行常规检查，完成状态数据的采集和分析，是精密点检工作开展的基础。日常点检工作的开展，构成了点检工作的基本框架。精密点检是对已出现问题的设备做出精细的调查、测定、分析。它是日常点检工作的延伸，用于专业查找设备故障产生的原因。日常点检和精密点检两者不可偏废。要实现设备点检制，各企业需要根据各自的特点，策划相应的组织管理、技术管理和应用方案。

☞设备点检管理的要求

实施设备点检管理，必须做到定人、定点、定期、定标、定法、定设备、定区域、定路线这"八定"。如表3-5所示。

表3-5　设备点检管理的要求

事项	内　容
定人	设备点检工作的核心是由专职设备点检员实施点检，专职设备点检员必须具有一定的设备管理知识，有实际经验，会使用仪器进行诊断。同时具备维修技术、组织协调和管理技能
定点	预先设定设备故障点，明确设备的点检部位、项目、内容，做到分析准确无误
定期	对于故障点部位、项目和内容均有预先设定的周期，并根据经验积累及实际使用情况，不断调整完善

续表

事项	内　容
定标	根据设备使用说明书及国家有关的技术规范，生产中的使用经验，确定点检点的技术标准和上、下报警界限
定法	逐步完善管理办法，力求简洁、可操作性强。真正服务于预防性检修
定设备	全矿设备要区分主次环节，减少点检工作量，做到合理有效
定区域	以方便、利于集中点检为准，确定合理的点检区域
定路线	一个点检区域的点检路线要合理，避免重复点检

建立完善设备点检管理体系

　　设备点检管理体系旨在制定有效的维修策略，把维修工作做在设备发生事故之前，使设备始终处于受控状态。其组织保证体系是按照 PDCA 循环方式推进企业全面发展的基层管理组织保证体系。完善的设备点检管理体系，要实现对设备的一生管理，抓住二项结合，实行三级点检，建立四大标准，构筑五层防护线，降低六大损失，加强七项重点管理，最终实现装备价值的最大化。

☞对设备进行一生管理

　　依据设备综合管理的理论，实行从设备的规划工作起直到报废的全过程的管理称为设备一生管理。设备点检管理体系应该能实现对设备一生的各个环节进行全面的、全过程的管理，把各个环节有机地组织协调起来。

☞设备技术管理与设备经济管理相结合

　　设备管理本质上是对设备运行过程的管理，设备存在着物质形态与价值形态两种运动。针对这两种形态运动而进行的技术管理和经济管理，是设备管理不可分割的两个侧面，更是提高设备综合效益的重要途径。技术管理的目的在于保持设备技术状况完好，不断提高技术水平，从而获得最好的设备输出效果（产量、质量、成本、交货期、环境等）；经济管理的目的在于追求设备寿命周期费用的经济性，取得良好的投资效益。只有技术管理与经济管理相结合，才能获得设备最佳的综合效益。

☞实行三级点检——点检制

三级点检制的内容如表 3-6 所示。

表 3-6 三级点检制的内容

事项	内　容
第一级：岗位日常点检	岗位日常点检由专职点检员制定点检标准和点检计划，由生产人员、运行人员实施点检。岗位日常点检是点检制的基础，其内容主要是负责本岗位设备状态检查、调整、紧固、6S 活动、设备润滑、易损零件更换、简单故障处理、做好记录和信息反馈等。搞好岗位日常点检是推进全员参与 TPM 管理不可缺少的一环。建立完善的设备管理体系，以设备高效运行为最高目标，开展各种设备管理的自主活动，按照"八定"对设备进行点检，改变以往生产方只管生产、不管设备的观念，为设备日常保养良好、精度优良、操作正确提供了基础性保障
第二级：专职点检	专职点检由专职点检员制定点检标准和点检计划并实施点检。这是点检制的核心，其内容主要是负责本区域设备状态检查与诊断、劣化倾向管理、故障与事故管理、费用管理、编制维修计划和备件、材料计划、监督修理质量、施工验收，做好各项记录以及检查、指导、监督岗位日常点检等
第三级：精密点检	精密点检由专职点检员编制计划，由专职、兼职精密点检员或专业技术人员实施。精密点检是点检制不可缺少的组成部分，主要是利用精密仪器或在线监测等方式对在线、离线设备进行综合检查测试与诊断，及时掌握设备及零部件的运行状态和缺陷状况，定量地确定设备技术状况和劣化程度及劣化趋势，分析事故发生、零件损坏原因并记录，为重大技术决策提供依据

　　点检制是以点检为核心的设备维修管理体制，实现设备的可靠性、维护性、经济性，并使这三方面达到最佳化，实行全员设备维修管理的一种综合性的基本制度。岗位操作人员的日常点检、专业点检员的定期点检和专业技术人员的精密点检，三方人员对同一设备进行系统的检查、维护和诊断的点检制度称为"三位一体"点检制。在这种点检制度下，有一个完善的以点检为核心的设备维修管理体制，有一支专业点检队伍和完善的点检手段，有一套科学合理的点检基准和业务流程，有合理的"责权利"关系和有利于推进工作的组织体制，有一个以作业长制为中心的现代化基层管理方式。

☞建立四大标准

维修技术标准、点检标准、给油脂标准和维修作业标准四项标准是对设备进行点检、维护、修理、技术管理等标准化作业的基础，也是点检定修开展活动的科学依据和点检定修的制度保证体系。

☞构筑五层防护线

为确保设备安全稳定运行，必须构筑一套完整的设备防护体系。在点检制下，设备的防护体系包括以下五个层次：操作人员的日常点检；专业点检员的专业点检；专业技术人员的精密点检；设备技术诊断；设备维护修理。

五层防护线是建立完整点检工作体系的依据。按照这一体系，把企业各类点检工作关系统一起来，使操作人员、点检人员、维护检修人员、专业技术人员等不同层次、不同专业的全体人员都来参加管理，把简易诊断、精密诊断、设备状态监测、劣化倾向管理以及寿命预测、故障解析、精度指标控制等现代化管理方法统一起来，使具有现代化管理知识与技能的人、现代化仪器装备手段和现代化管理方式三者有机结合起来，形成现代化的设备管理。

☞降低六大损失

现代设备管理思想认为：设备管理已从单纯的重视设备功能转变为设备功能和经济性并重，从追求设备完好转变为追求设备综合效率最高，强调对设备寿命周期一生的管理。

影响设备综合效率的六大损失是：设备故障损失、非计划调整损失、空转与短暂停机损失、速度降低损失、产品缺陷损失、初期不良损失。提高设备综合效率的主要对策就是限制和降低六大损失。

实行设备点检就是要以全员为基础，以全系统为载体，致力于减少时间损失、速度损失和产量损失，努力实现零故障管理，提高设备综合效率。

☞加强七项重点管理

加强七项重点管理是点检工作的要点之一，包括点检管理、定修管理、备件管理、维修费用管理、安全管理、故障管理、设备技术管理。

设备点检"望闻问切"四字真经

"望闻问切"是中医用语。望，指观气色；闻，指听声息；问，指询问症状；切，指摸脉象，被中医称为"四诊法"。设备故障也可以通过人的手、眼、鼻、耳等器官，借用医学看病"望闻问切"的手段，直接感知故障设备异常的温升、振动、气味、响声等，确定设备的故障部位。

☞望：观察设备的维修外观、图纸资料

根据所问到的情况，从故障征兆外观方面入手，即维修设备之前先观察维修外观，有无较大变化，设备损坏情况如何，是不是这些损坏导致设备不能正常运转的，例如，设备的外形、颜色有无异常，熔丝有无熔断；电气回路有无烧伤、烧焦、开路、短路，机械部分有无损坏以及开关、刀闸、按钮插接线所处位置是否正确，空气开关或接触器的触点是否烧熔或烧灼，改过的接线有无错误，更换的元件是否相符等；还要观察信号显示和仪表指示等。

接着看图纸资料，按图分析故障原因与故障发生的部位，出现的故障与控制线路中的哪一部分、哪些电气元件有关，产生了什么毛病才能有所述现象。接着，再分析决定检查哪些地方，逐步查下去就能找出故障之所在了。

此外，对于无人值守的设备，观察的过程最好是按照一定的顺序和方法有序进行，不要盲目无序、没有目标地走和看。因为一般的生产设备都比较大或由几部分组成，不能够一目了然，需要点检的部位也分散在设备不同的地方。只有按照一定的点检顺序进行，才不至于出现漏检现象。

☞闻：用耳朵细听设备噪声

设备在运行中会有一定噪声，这种噪声一般较均匀且有一定规律。带病运行的电气设备其噪声通常也会发生变化，用耳细听往往可以区别它与正常设备运行的噪声的差异。通过这些声音，维修就能顺藤摸瓜找到出问题的地方。但是在设备故障初期，故障部位发出的声音可能较小，判断起来比较困难，这就需要采取一些辅助的方法来帮助判断设备问题。例如，在检查设备内部零部件运转是否正常时，可以用一根金属棒，一端顶住需要检查的设备外壳，如调速机、轴承座的外壳，另一端贴近耳朵，就能够清楚地听清来自

内部较小的异常声音，从而判断出内部零件运转是否正常、有没有问题发生；对于轧辊和轴这些重要零部件来说，经常出现的问题就是轴肩或辊肩出现裂纹。这些裂纹有时非常细小，用肉眼很难看出来，这时我们可以用铁锤敲击轴或轧辊的端部，仔细倾听发出的声音，根据发出的声音来判断内部是否有损伤。一般来说，发出的声音洪亮、清脆、声音持续时间较长就没有问题，反之可能存在裂纹等缺陷，需要进一步检查。

利用听觉判断故障，虽说是经验之谈，但只要本着"实事求是"的科学态度，从实际出发，善于摸索规律，予以科学的分析，就能诊断出电气设备故障的原因和部位。

☞问：询问设备操作人员

问，就是对设备操作人员进行询问，听取他们所掌握的设备隐患和故障汇报。设备有了毛病，出现了故障，设备使用人员是最清楚的。因为他们每天都操作设备，比较熟悉设备的性能结构。当设备出现问题，有异常情况发生时，如连接螺丝脱落、设备出现噪声或发热、管路出现跑冒滴漏、设备性能下降等，他们是第一发现者。尤其是在设备故障产生的初期，外观表现得不明显时，维护人员可能察觉不到，但是操作人员可能已经发现了。如果能够第一时间获得这些信息，无疑对设备维修有极大的好处，既能降低设备维修成本，又能节约检修时间促进生产，还能避免发生更大的设备事故，做到防患于未然。问的好处在于把故障目标缩小，甚至直接锁定目标，为我们快速准确地发现和解决问题提供方便，所以问这种方法是很重要的。

为此，当一台设备的电气系统发生故障后，维修人员应和医生看病一样，首先要了解详细的"病情"。通过询问故障设备的操作人员故障发生前有无异常现象出现，设备运转时有什么异常的状况，设备损坏时有没有伴随什么异常声响、动作，故障前的操作过程中是否有操作不当、操作失误等情况，这些可能就是导致设备损坏的"元凶"。

对于日班作业、夜班维护的企业，可以通过异常发生前作业员的作业记录来了解相应的情况，同样可以收到"询问"的效果。总的来讲，了解情况要尽可能详细和真实，这些往往是快速找出故障原因和部位的关键。

☞切：通过摸感知设备的脉搏

切就是用手触摸设备的点检部位，感知其表面的温度。适用于对电机、轴承箱、齿轮箱、泵、阀等设备部件的辅助检查。我们知道，设备在正常工作时发热量是很低的，表面温度一般不会超过 60 摄氏度。但是当设备在超负荷工作或润滑条件不好的情况下，有可能会造成内部零部件变形、磨损甚至破裂的严重后果。这些零件损坏后，运转过程中产生的摩擦阻力会大大增加，摩擦产生的热量能够使机体的外壳温度明显上升，高于正常温度，用手触摸就能感觉到。这一方法可以为我们判定设备是否有故障提供一个依据。在对这些零部件排查时，有时仅靠看和听可能不太容易判断设备内部的零件是否有异常。这时如果用"触摸"这个方法来检查，当某处温度明显高于正常温度时，我们就有理由推断问题已经出现，应该检修了。

通过调查研究，一般来说，具有直观性的各类电气故障可以通过外部的故障现象直接查找出来，对较熟悉的电气设备的电路还可大致确定故障范围，此外也可以通过相应的仪器仪表来检查、判断，有关这点可以参考前面关于专业维护状态监测篇章的内容。

第三章　设备检修管理

TPM 设备维修管理模式的含义是以提高设备综合效率为目标，建立以设备一生为对象的生产维修系统，确保寿命周期内无公害、无污染、安全生产；涉及设备规划、使用和维修等所有部门；从企业领导到一线工人全体参加；开展以小组为单位的自主活动，推进生产维修。基于这个含义，本章从 TPM 设备维修管理内容及标准、TPM 设备检修维护制度主要内容、TPM 设备检修计划实施的七个结合、如何评价设备大检修管理的优劣等几个方面进行讨论。

TPM 设备维修管理的内容及标准

新兴多元资本结构企业的不断诞生，带来设备维修管理新思维方式。其中，最有代表性的就是源于欧美，兴于日本，基于精益化思想的全员效率维修 TPM 设备管理维修模式。下面对这个模式的内容标准做一个比较综合的陈述。

☞设备的维修标准

设备的维修标准是"设备维修管理"和"维修技术管理"工作的依据。实施 TPM 管理的基本准则，也是对设备进行维修技术管理、点检检查、维护保养以及检查修理等规范化作业的依据，还是衡量管好、用好和修好设备的基本准则。凡生产设备在投入生产之前，不具备这些标准，应不准予使用。因此，维修标准在点检定修制中具有重要的作用，为如何对设备进行 TPM 管理提供了方法、方向和具体要求。

适用于点检定修制中的维修标准，也称为维修规范，根据专业的不同和使用条件的不同，大体上可分为四大类：维修技术标准、点检标准（含法定检查标准）、给油脂标准和维修作业标准四项标准。

维修技术标准是点检标准、给油脂标准和维修作业标准的基础，也是编制上述三项标准的依据。一台设备的维修管理首先需要做的，就是在启用前首先制定好维修技术标准，如果该设备是列入点检管理的对象设备，则再根据维修技术标准来编制点检标准、给油脂标准和维修作业标准。

维修技术标准的内容包括：对象设备、装置的更换零件（即有磨损、变形、腐蚀等减损量的工作机件）的性能构造、简明示意图、应用的材质等明确标准；更换零件的维修特性，包括机件减损量的劣化倾向、特殊的变化状态及点检的方法和周期等；主要更换件的维修管理值设定，包括零件的装配图面尺寸、允许装配间隙、减损的允许量范围，以及测定的项目内容、周期、使用的合格标准等；其他对该零件所限制的项目内容，诸如温度、压力、流量、电压、电流、振动等。

☞维修技术标准

根据设备专业和使用条件的不同，维修技术标准可以分为通用性和专用性两大类。

通用标准是指同类设备且使用条件、工作环境相同的设备实行点检、维修管理的通用性标准，多数用于电气和仪表等设备。如高直流电机的定期测定标准；电气继保绝保等保护标准；变压器设备定期试验标准；高压电器类的定期试验标准。通用维修技术标准对机械设备（包括液压、润滑、动力等设备）也有适用的地方。如同类规格的泵、风机、空压机、起重机、阀门、减速机、制动机等。

专用维修技术标准多数应用于机械设备，特别是一些专用性强或非标准的冶金机械设备、装置。如炼铁设备、炼钢设备、轧钢设备、炼焦设备、烧结设备、化工机械、动力机械、冶金起重运输机械等的维修技术标准。对上述通用性的设备、装置由于使用条件、环境的不同，或有特殊性要求的电仪设备也可以参照通用标准来设定专用标准。

☞**维修技术标准的编制**

维修技术标准的编制包括编制依据、编制分工和审批程序以及编制技术标准的典型案例等内容。如表3-7所示。

表3-7　维修技术标准编制的内容

事项	内　　容
编制依据	设备制造厂家提供的设备使用说明书（它体现了设计者的设计思想）；参考同类设备或相似设备的维修技术管理值（它体现了前人的工作经验和管理水平）；制定人员的本人工作经验
编制的分工和审批程序	通用标准由设备技术管理部门的专业技术人员进行编制，如设备技术室的专业工程师起草，经本室主任或专业高级工程师审定执行。专用维修技术标准由地区机动科的对口技术人员进行编制，根据设备的分类级别报审批执行。其中A、B两类设备由设备部技术室的专业对口工程师审定，C、D两类设备的维修技术标准由本科专业工程师审定
编制标准的经验记录方法	通过维修中的知识管理来完成标准制定工作。即每次维修要求进行完整、详细、规范的维修记录，把维修经验、教训详细记录下来。对一段时期，不同人员在同一设备的维修记录进行比较和讨论，形成标准文件。维修技术标准在经过一年使用后，根据生产运转、维护修理和更换零件的实际情况以及企业的维修方针等因素，逐步进行修改和完善，成为一个针对性的又能根据状态活用的标准数据，其方法和程序与编制时相同
维修技术标准和规范典型事例	—

☞**维修作业标准**

企业对维修标准的另一种提法为维修作业标准，它与维修技术标准有所不同。维修作业标准侧重于维修作业行为流程，而维修技术标准侧重于维修精度和技术要求。

维修作业标准是检修部门从事维修施工作业的依据和基准，也是检修作业的工艺卡片。在此标准中重点规定了维修作业的对象、项目内容、实施的工艺顺序，技术上、安全上的特殊性要求，以及使用的工器具、工时分解进度表等，因此维修作业标准也称为工时工序表。

维修作业标准的内容如表 3-8 所示。

表 3-8 维修作业标准的内容

事项	内　　容
作业名称	即作业对象的主要内容、范围、技术要求、更换零件或修复部位的名称
作业的工艺顺序	维修作业的拆装次序、步骤、工时网络进度及作业注意点
安全事项及工器具	施工场地和作业的安全、防护措施及所必要的工器具等

当检修方在接受点检方的委托后，即对此检修对象设备的部位的性能结构和环境条件进行充分的工程调查，在完全熟悉的前提下，检修方（班组）着手编制维修作业标准。初案在点检人员确认后交检修作业长审批，批准后由检修班组长执行。同时，在作业中做好实绩记录，逐步完善，以形成标准化的工时表，因此，也可把此种作业标准称为标准工时工序表。

重视设备管理，加强设备管理，提高设备管理水平，是当前深化经济改革的需要，也是 TPM 设备管理部门和 TPM 设备管理工程人员的一项迫切任务。企业一定要以国务院颁布的《设备管理条例》为指针，努力完成历史赋予我们的使命。

TPM 设备检修维护制度的主要内容

机械设备是人类解放劳动生产率的工具，为人类的生产发展做出了巨大的贡献，企业的生存发展对机械设备的依赖性更强，是企业的支柱。TPM 设备管理的好坏影响着企业产品质量的好坏、生产效率的高低，而 TPM 设备管理中的设备检修维护同样重要，应该制定一系列的 TPM 设备检修维护制度。

☞检修前的准备

TPM 设备检修维护制度中的检修前准备工作要求做到以下几点，如表3-9所示。

表 3-9　检修前准备工作的内容

序号	内　容
1	编制检修计划应项目齐全、内容详细、责任明确、措施具体。凡有两人以上参加的检修项目，必须指定一个人负责安全
2	检修单位负责人要对检修中的安全负责，并对参加检修人员交代好任务和安全措施
3	检修负责人在检修前，要组织检修人员对检修的工具、设备进行详细检查，确保安全良好，并办理相关手续
4	凡在易燃、易爆、易中毒物质的设备、管线等上面检修，必须切断电源，将有关部位插好盲板、清洗置换和分析检验合格，此项工作由设备所属车间负责进行
5	对大修项目，检修工作就绪后，检修准备的单位要及时通知有关部门，会同检修部门与生产车间一起对检修的准备工作进行检查，对查出不符合安全检修规定的设施、工具、安全措施等，要求有关人员限期解决后，方可施工

☞清洗置换方法及合格标准

TPM 设备检修维护制度中的清洗置换方法及合格标准包括以下内容，如表 3-10 所示。

表 3-10　检修前清洗置换方法及合格标准

序号	内　容
1	清洗置换的设备要视具体情况选定，对爆炸物质，必须采用惰性气体、蒸汽或水清洗和置换
2	进入设备内检修时，除按规定清置换外，设备内含氧量应在 19%～22%，有毒气体和粉尘及浓度应符合规定
3	易燃、易爆、有毒、有腐蚀性物质和蒸汽设备、管道检修，必须切断物料出入口阀门，并由设备所属车间加设盲板。检修设备管道与运行中设备管道连通时，中间必须加隔盲板。设备管道外部检修必须切断入口阀门

☞生产厂房和工作场所

关于生产厂房和工作场所的制度规定有以下内容，如表 3-11 所示。

表 3-11　生产厂房和工作场所的制度要求

序号	内　　容
1	生产厂房内外工作场所的井、坑、孔、洞或沟道，必须覆以与地面齐平的坚固盖板。在检修工作中如需将盖板取下，必须设临时围栏。临时打的孔、洞等施工结束后，必须恢复原状
2	所有的升降口，大小孔洞、楼梯和平台，低位罐口必须装设栏杆和护板。如在检修期间需将栏杆拆除时，必须装设临时遮栏，并在检修后将栏杆立即装回
3	所有楼梯、平台、通道、栏杆都要保持完整，铁板必须铺设牢固。铁板表面应有纹路以防滑跌、酸碱腐蚀等损坏部位应及时更换
4	生产厂房作业场的照明，特别是有水位计、安全阀、压力表、电开关、真空表、温度表各种记录仪表等的仪表盘，楼梯通道以及所有靠近机器转动部分和高温表面等的狭窄地方的照明，尤须光亮充足，作业者要备有手电，以备必要时使用
5	禁止在工作场所存储易燃物品，生产厂房应备有带盖的铁箱，以便放置擦拭材料，用过的擦拭材料应另放在箱内，定期清除
6	所有高温的管路、容器等设备上都应有保温，保温层应保证完整
7	生产厂房内外的电缆，在进入控制室、电缆夹层、控制柜开关柜等处的电缆孔洞，必须用防火材料严密封闭
8	冬天厂房外，烟囱、水塔、楼梯等处的冰溜子，若有掉落伤人的危险时，各部门的辖区应及时清除
9	作业人员须干什么工作，应按安全规程及注意事项，穿戴什么作业服
10	高处作业应按高处作业规定进行，系安全带，有人监视防止坠落伤人

☞设备的维护

设备维护的制度规定如表 3-12 所示。

表3-12 设备维护的制度规定

序号	内　　容
1	机器的转动部分必须装有防护罩和其他防护设备，露出的轴端必须设有护盖，以防绞卷衣服，禁止在机器转动时，从靠背轮和齿轮上取下防护罩或其他防护设备
2	对于正在转动中的机器，不准装卸和校正皮带
3	禁止在栏杆、管道、靠背轮、安全罩上或运行中的电机、设备、轴承上行走和坐立
4	应尽可能避免靠近和长时间停留在可能受到烫伤的地方
5	厂房外墙、烟囱、硫酸计量罐等处，固定的爬梯必须牢固可靠，应设有护圈，并应定期检查和维护，上爬梯必须逐档检查爬梯是否牢固，上下爬梯必须抓牢，不准两手同时抓一个梯阶。恐高症、高血压、年岁大者作业时需有人监护

☞拉触电器技术措施

关于拉触电器的技术措施制度中有如下规定，如表3-13所示。

表3-13 拉触电器技术措施

序号	内　　容
1	所有电气设备的金属外壳均有良好的接地装置。使用中不准将接地装置拆除或对其进行任何工作
2	任何电气设备上的标牌，除原来放置人员或负责的运行值班人员外，其他任何人不准移动
3	湿手不准去触摸电灯开关以及其他电气设备
4	电源开关外壳和电线绝缘有破损不完整或带电部分外露时，应立即找电工维修好，否则不准使用
5	发现有人触电，应立即切断电源并立即在现场进行人工呼吸等急救方法
6	遇有电器设备着火时，应立即将有关设备的电源切断，然后进行救火

☞高处作业应采取的技术措施方法

关于高处作业应采取的技术措施方法其具体规定如下，如表3-14所示。

表 3-14　高处作业应采取的技术措施方法

序号	内　　容
1	凡在离地面 3 米以上的地点进行的工作，应视作高处作业。高处作业人员必须身体健康。患有精神病、癫痫病及经医师鉴定患有高血压、心脏病等不宜从事高处作业的病症人员，不准参加高处作业，饮酒者禁止登高作业
2	高处作业均须先搭建脚手架或采取防止坠落的措施方可作业，没有脚手架或者在没有栏杆的脚手架上工作，必须使用安全带
3	安全带使用前要进行检查，定期进行净荷重试验，不合格的安全带不得使用
4	安全带的挂钩或绳子应挂在牢固的构件上或专挂安全带用的钢丝绳上。禁止挂在移动或不牢固的物件上
5	高处作业应一律使用工具袋。较大的工具应用绳拴在牢固的构件上，不准随便乱放以防止从高空坠落发生事故
6	在进行高处作业时，除有关人员外，不准他人在工作地点的下面通行或逗留，工作地点下面应有围栏或装设其他保护装置，防止落物伤人，如在格栅式的平台上工作，为了防止工具和器材掉落，应铺设木板
7	不准将工具及材料上下投掷，以免打伤下方工作人员或击毁脚手架
8	上下层同时进行工作时，中间必须搭设严密牢固的防护隔板罩棚或其他隔离设施，工作人员必须戴安全帽
9	大风、暴雨、打雷、大雾等恶劣天气，应停止露天高处作业
10	禁止在不坚固的结构上进行工作

☞各种梯子的使用管理措施

各种梯子的使用管理措施在制度中有如下规定，如表 3-15 所示。

表 3-15　各种梯子的使用管理措施

序号	内　　容
1	在短时间内可以完成的工作可使用梯子，但梯子必须坚固完整
2	梯子的支柱须能承受工作人员携带工具攀登时的总重量。梯子的横木须嵌在支柱上，不准使用钉子钉成的梯子。梯阶的距离不应大于 40 厘米

序号	内　　容
3	在梯子上工作时，梯与地面的斜角度为 60 度左右。工作人员必须登在距梯顶不小于 1 米的梯蹬上工作
4	如梯子长度不够而需将两个梯子连接使用时，须用金属卡子卡紧，或用铁丝绑接牢固
5	在木板或泥地上使用梯子时，必须将梯子下端固定
6	靠在管子上使用的梯子，其上端须有挂钩或用绳索缚住
7	若已采用上述方法仍不能使梯子稳固时，可派人扶着，以防梯子下端滑动，但扶着之人要精力集中防止落物打伤自己
8	人字梯须具有坚固的铰链和限制开度的拉链。
9	禁止把梯子架在木箱等不稳固的支持物上或容易滑动的物体上使用
10	人在梯子上时禁止移动梯子
11	在传动、转动部位使用梯子时，机械、电器必须停止工作
12	在梯子上工作时应使用工具袋，物体应用绳子传递，不准在梯上梯下互相抛递
13	软梯的安全系数不得小于 90，软梯应挂在可靠的支持物上，在软梯上工作的人员，衣着必须灵便，并应使用安全带，戴安全帽，带工具袋
14	室外、储罐的梯子要定期检查，保证使用的安全性。冬天梯子的浮冰应及时清除
15	人员上下楼梯时，特别是车间的楼梯，手必须扶好栏杆，精力集中，谨防滑倒

☞地沟井下作业的规定

地沟井下作业的制度有如下规定，如表 3-16 所示。

表 3-16　地沟井下作业的制度规定

序号	内　　容
1	地沟内作业及井下作业，外水井修理作业必须经批准方可进行
2	作业前防止蒸汽或水在检修期间流入工作地点。有关的汽水门应关严，上锁并挂警告牌
3	沟道或井下的温度超过 50℃时，不准进行工作，温度在 40~50℃时，应根据身体条件轮流工作和休息

序号	内　　容
4	作业时，地面上须有一人担任监护，进入沟道或井下的工作人员须戴安全帽，使用安全带，安全带的绳子应绑在地面牢固物体上。由监护人经常监视
5	工作完毕后，工作负责人应清点人员和工具，查明确认无人或工具滞留在井下或沟内后，将盖板或其他防护装置恢复，并通知运行人员工作已经完毕

☞压力容器防爆技术措施

压力容器防爆技术措施在制度中规定的内容如表 3-17 所示。

表 3-17　压力容器防爆技术措施

序号	内　　容
1	压力容器的设计应符合规范，手续齐全，选材得当，计算正确，结构合理，考虑周密，应符合可靠的要求
2	锅炉等压力容器的专业安装单位必须经有关部门批准才可从事承压设备的安装工作，安装作业必须严格执行国家规范
3	锅炉应每年进行一次停炉做内外部检验，并存档
4	储藏罐根据情况随时检测，但每一年的大修期间必须检测一次，设备处把检测情况存入档案
5	承压设备附件、减压阀要定期和随时进行验证，不好用的应及时修理更换
6	装设安全阀时应满足直接相连、垂直安装，保持畅通，稳固牢靠，防止腐蚀，安全排放等的要求
7	安全阀应加强经常的维护保养，保持洁净，防止腐蚀和油垢脏物的堵塞，经常检查铝封，防止他人随意移动杠杆式安全阀的重锤或拧动弹簧式安全阀的调节螺丝
8	承压设备的附件，安全阀，压力表、减压阀、水位计仪表等必须按设备设计要求进行安装
9	凡在各种容器、槽箱、大罐进行工作时，应遵守该罐槽的安全注意事项，除此之外，操作者还应做好临时工作的安全措施

序号	内　　容
10	作业人员必须视工作场地情况佩戴好安全帽、防毒面具、安全带等保护用品
11	在关闭容器、槽罐箱的人作业完，工作负责人必须清点人员和工具，检查确认没有人员或工具材料等遗留在内，方可关闭

从上述 TPM 设备检修维护制度中的内容可以看出，企业的生产发展对设备的依赖性越强，就越需要先进的 TPM 设备管理技术对其进行管理，先进的 TPM 设备管理技术不仅能够给企业员工带来一个好的环境，还能够提升企业的整体经济效益和形象。

TPM 设备检修计划实施的七个结合

加强企业管理，建立现代企业制度是国有大中型企业摆脱困境的关键。TPM 设备管理作为企业管理的重要组成部分，是企业实施成本战略降耗增效的核心，也是决定企业市场竞争能力和应变能力的关键所在。在 TPM 设备检修计划实施过程中，要注重 TPM 设备管理与技术创新的结合。

☞设备维修与技术创新相结合

面对现代化的生产装置和复杂的设备，操作人员对所使用的设备要非常了解。TPM 设备管理人员要做到对设备全过程综合管理。作为工程技术人员，不仅要对原有设备进行技术改造，而且要对引进的外国先进设备，在学习、消化、吸收的基础上进行技术开发。为了达到这些目的，就必须对全体人员进行有组织、有计划、长期的、多层次、多渠道及多种形式的专业技术和管理知识的技术教育培训和开展继续教育工作。

为了搞好 TPM 设备管理工作，应加强对现代设备管理理论与方法的学习与研究，积极组织国内、国外及本部门与其他部门之间的技术经验交流。对国外先进技术设备和管理经验进行考察、学习、引进、移植、总结、推广，使企业技术装备水平与设备管理水平逐步达到国际先进水平。各企业必须进行设备研究工作。对于重点设备研究项目或具有广泛应用价值的项目，要组织各企业的设备研究力量或与科研单位、大专院校协作，集中力量，分工协作进行攻关。研究出来的技术成果应及时推广应用。

☞设备维护保养与计划检修相结合

生产实践证明，设备管理工作应执行以"维修为主，检修为辅"的原则。没有正确的维护保养，就不可能有周到的计划检修。设备的维护保养和计划检修之间常会出现一些矛盾。如果计划检修只是抢进度，忽视检修质量而遗留下设备隐患，就会加大维护保养的工作量。反之，如果维护保养不精心，发现问题不及时处理，操作人员不严格执行规章制度，就不仅会带来"小洞不补，大洞吃苦"的后果，而且会加大检修工作量，正常计划被打乱，甚至会造成严重后果。

☞TPM 设备管理与生产相结合

TPM 设备管理工作，必须适应企业经营方向的变化，为生产服务。随着企业产品结构的变更、市场需求的变化和用户在不同时期的不同要求，企业的经营方向，在不同时期会有不同的侧重点。当企业经营方向转变的时候，企业的设备管理工作也应及时地调整、改善和提高，以适应变化了的经营方向对设备管理工作的要求。应当树立重视设备管理、加强设备管理为生产服务的思想。要根据企业的生产任务、品种质量、设备修理工作的难度，确定重点设备。对重点设备实行维护、修理、备件供应、改造、更新五优先，确保企业生产任务的完成。

☞设计、制造与使用相结合

设备的设计、制造过程由设计、制造部门管理；设备的使用过程由使用单位管理。两者应该密切结合，互通信息。设计、制造部门不能只顾降低设备成本而忽略设备的可靠性、耐久性、维修性、环保性、安全性及节能性等。要熟悉使用单位的工艺要求和使用条件，要考虑到设备运行阶段的管理和维修费用，使研制出来的设备符合用户要求。在设备制造出厂后，研制人员要参加设备的安装、调试、使用，并做好技术服务工作。用户应及时地把安装、调试、使用中发现的问题向设计、制造部门进行信息反馈，以便改进设备的设计。

☞技术管理与经济管理相结合

设备综合管理是广义的设备管理，即设备的技术和经济的全面管理，要做到技术上先进，经济上合理。TPM 设备管理本质上是设备运动过程的管理。设备的运动有两种形态：一是设备的物质运动形态，包括设备的研究、设计、试制、生产、购置、安装、使用、维修、改造、更新直至报废；二是设备的价值运动形态，包括设备的投资、折旧、维修费用支出与核算、更新改造资金的筹措和经济效果分析等。前一种运动形态的管理称为技术管理，后者称为经济管理。它们分别受技术规律和经济规律的支配。据此，TPM 设备管理要最终取得两个成果：技术成果和经济成果。即一方面要求经常保持设备良好的技术状态，另一方面要求节约设备维修与管理的经费支出。技术管理与经济管理两者必须紧密结合，以求获得设备寿命周期费用最低，设备综合效能最高。

☞专管与群管相结合

各企业应当按照上级规定，根据本单位生产规模与实际需要，建立一支强有力的设备专门管理系统。建立优化组合的组织机构及专业设备管理队伍，制定切实可行的管理制度。公司经理和生产厂长等主要领导干部要把 TPM 设备管理工作列入主要议事日程，对设备管理的方针、目标做出决策。要有一名副经理（副厂长）主管设备工作，同时，根据需要设置总机动师或分设总机械师和总动力师。总机械师和总动力师在主管经理（厂长）和总工程师的领导下，负责设备技术管理工作。车间由一名副主任主管设备，并配备管理设备的专员工程技术人员；工段、班组也有兼职设备员；形成一个设备管理网，并建立相应的管理制度和规程，以使工作有章可循。

在工厂企业中，直接操纵设备、维修设备的是广大生产工人和检修工人。他们对设备的性能、工作状态及存在的问题最熟悉了解。他们是设备的主人，而且他们对自己操纵的设备日常维护负有具体责任。因此，应当完全发挥他们管理设备的积极性。在设备管理工作中要强调人的因素，要充分调动生产工人和维修工人的积极性。

☞TPM 设备管理与技术开发及智力开发相结合

在今后相当长的时期内，要求集中力量对现有企业进行设备更新与技术创新工作。只有把设备的更新与创新工作做好，才能克服现有企业耗费高、能耗大、质量差等弊端。另外设备的更新与创新也是科学技术迅速发展的客观要求。在设备管理工作中，延长设备寿命和保持设备良好状态无疑是正确的。但是不能无止境地延长"寿命"，不能不惜工本地保持良好的技术状态。这是因为一旦设备使用时间过长，其技术性能就日益落后，能源、原材料消耗逐渐增多，修理费用一次比一次高，修理周期也越来越短。

据资料统计，一台普通设备如折旧周期按 7 年计算，则在 7 年中所花的使用费用为设备价值的 6 倍。所以在设备维修中，应通过技术经济分析，正确处理设备维修与创新关系，把维修与创新结合起来。一方面利用检修的机会采用新技术、新材料、新工艺来代替技术落后、能耗大、效率低的设备和零部件。另一方面对陈旧落后，进一步维修价值不大的设备，按手续进行报废，更换先进的设备。

如何评价设备大检修管理的优劣

人要做一次大手术，如同一次生命的再造，往往会受到手术本人以及其家属的高度重视。设备大检修就像人的一次大手术，也是设备生命的一次洗礼，是设备再生的过程。无论是企业的高层管理者还是维修部门主管，都要给予必要的关注。那么，如何评价一次大检修管理的优劣呢？

☞大检修的过程

评价一次大检修管理的优劣，我们首先需要关注大检修的过程，因为过程正确，结果才能够完美，过程严谨，结果就很难有纰漏。大检修过程应该遵循的原则如表 3-18 所示。

表 3-18　大检修过程应该遵循的原则

原则	含　义
检修前准备的完备性	包括检修流程和方案的制订，检修前的预备会议，人员培训，备件资材的准备，检修吊具、辅具和工具的准备，安全设施和安全预案的准备等
检修流程执行的规范性	包括设备的拆卸、总成部件的定置摆放、关键部位的检查、技术鉴定、部件总成的维修或者替换、设备的安装、零部件配合间隙、对中、平衡调整、设备的空载试车、负荷试车、联动负荷试车、检修现场的清理、竣工报告等

续表

原则	含　义
技术标准执行的严谨性	依据设备图纸和相关技术说明资料而完成的对中、平衡、配合间隙调整等内容，即使是紧固一个螺栓，也要有明确规定紧固多少圈，或者按照力矩扳手的度数加以紧固
质量检验和标准执行的精准性	包括按照事先设计好的质量检验节点进行检验、测试，记录检验结果或者质量确认书，完成总装后的质量总体检验，负荷试车后的设备加工产品或者服务检验，完成质量验收报告等
安全防护和流程执行的到位性	包括检修人员的安全劳保着装，脚手架的安全性检查，安全吊具、绳索检验，安全培训和安全会议，人因安全失误的纠错防错设计，安全动火、动电、断电、启动、进出装置确认体系，安全监督岗位设置与职责，安全奖惩规定等内容
成本控制流程执行的主动性	包括成本计划制定、变更项目审批、免损坏拆卸的规范与执行、拆出配件的修复与再利用等
进度控制的即时性	包括检修节点和里程碑管理，网络图的执行，最长路径的优化，并行工程的进度把握等

☞设备大检修管理结果评价指标

我们是过程和结果的统一论者，尽管要关注大检修过程，我们还要关注结果。因为结果是检验过程是否正确的试金石，如果结果不佳，要么是过程的流程有问题，要么是执行不到位。那么，用什么指标来度量大检修管理的结果呢？可以参考的指标如表3-19所示。

表3-19　设备大检修管理结果评价指标

指标	含　义
开车一次成功率	开车一次成功率是指开车运行产出95%以上的合格产品，未发生停车状况。当然，不同类型设备对产品合格率的要求是不同的，以上的百分比要依据设备类型的实际而定。在设备产出合格率的界定下，我们对大检修一次成功率的要求应该是100%
安全零事件	安全零事件即100%零伤亡，不发生工伤死亡事故。以前某些企业依照国家相关的处罚规定，将工伤死亡率设置为万分之一，如果这家企业有员工5万余人，这就意味着每年有5人是"正常"的工伤死亡。这是一个十分可怕的数字。这个标准实在太低，牵涉到人的生命，无论如何也要做到安全零事件

指标	含　义
质量一次合格率	质量一次合格率超过 95%，这是一般性指标要求，具体某类设备可能要求不同。比如，有些玻璃加工设备，其最好合格品率才达到 85%，我们当然不能要求它的质量一次合格率超过 95%；而某些加工中心，其合格品率能够达到 99% 以上，要求达到 95% 就降低了标准。所以这个指标要结合设备实际来设计
计划项目完成率	这个指标是控制检修项目的执行力度，一般要求要大于 95%，也就是要完成检修项目 95% 以上；如果实际完成数超过计划数，这个数字就超过 100%，说明可能遇到即时发现的检修内容，也顺便完成了
增减项目变动率	这一指标是推敲计划准确性的，我们不希望在检修中出现太多增减项目。所谓增加项目是拆卸后发现新问题，只好增加检修内容；反之，发现原计划制定的检修项目没有检修必要，就将此项取消了。当然，如果真是发现要做变动，还是以确保设备检修质量为主，而非为保这个指标好看。一般将这个指标设定为小于 20% 就可以了。而且这个指标的权重也不宜过大
进度指标完成率	这个指标是用来控制检修进度的。如果实际进度时间低于计划值，则此指标将高于 100%，这就达到预期目标。我们要求这个指标是不低于 100% 的
概算费用控制率	用此指标控制检修成本，期望不要超计划。如果概算低于批准的计划，也就是这个指标小于 100%，费用控制就算理想

在实践当中，结合企业运行实际还可以设计"检修环境零污染"、"拆出损坏备件修复率"、"修复设备返修项次"、"设备修后用户投诉人次"等指标，对大检修进行更高标准的要求。

第四章　设备维修的日常管理

设备维修的日常管理要有组织、有计划、有原则、有标准、有规程地进行，以实现设备使用寿命长、综合效能高和适应生产发展需要的目标。在实务中，要善于解决常见问题，通过实施三级保养制来达到"三好"、"四会"的目的。要运用好 PDCA 循环这个设备管理工具。

设备日常保养内容及经济效益

设备使用的前提和基础是设备的日常维护和保养。来看下面这个例子：

某施工现场一台 6135 柴油发电机，因平时严重失保欠养，只运转了 3000 多小时，检修时各类滤清器污染堵塞，气缸内壁磨损凹下台阶 3 毫米之深，机油黏稠。连杆空隙松旷，曲轴轴承报废，提前大修。而据有关报道：德国一台 1888 年生产的柴油发电机，一直用到 1988 年因耗能高停用，整整使用了 100 年。两者的比较是不言而喻的。

设备长期在不同环境（包括恶劣环境）的使用过程中，设备的部件磨损、间隙增大、配合改变，直接影响到设备原有的平衡。设备的稳定性、可靠性、使用效益均会有相当程度的降低，甚至会导致设备丧失其固有的基本性能，无法正常运行。如此，设备就要进行大修或更换新设备，这样无疑增加了企业成本，影响了企业资源的合理配置。因此，必须建立设备管理机制，制定设备的维护保养计划。只有做好设备的日常保养工作，才能延长设备的使用寿命，从而获得长远的经济效益。

☞如何做好设备的日常保养

要做好设备的日常保养，需要建立科学、有效的设备管理机制，加大设备日常管理的力度，理论与实际相结合，科学合理地制定设备的维护、保养计划。专人负责和落实各项制度、规定、计划，做好日常的维护和保养工作；定期对维护、保养情况进行检测，并认真做好设备的运行、保养记录。具体内容如表 3-20 所示。

表 3-20　设备日常保养活动

事项	内　容
加强日常保养，防止误保、漏保	保养工作须强制执行并应与企业的奖罚制度挂钩，奖优罚劣，调动施工人员的积极性。切实搞好保养工作。保养工作应从源头抓起，防止以修代养
加强设备的日常检查工作	应安排专人进行检查，检查应详细记录，包括设备日常运行情况、运行时间、保养次数等，以便分析、判断设备可能出现的故障，及时准确地消除故障隐患

事项	内　容
加强对设备的管理和监控	设备管理人员应掌握情况，了解设备性能，根据设备性能的优劣和企业资源分配情况做出科学合理的维修计划，并对维修活动、采购活动进行管理和监控，避免不必要的资金浪费
建立健全设备维修、保养制度	强调设备管理的作用，完善数据统计系统。对机械设备进出情况，设备运行情况，性能指标及维修和保养情况均应详细登记在案，做到一机一册，有据可查
加强学习、培训力度	要加强对设备管理人员和维修人员的学习、培训力度。在思想上具有高度的责任感和事业心，在技术上，不仅要懂得设备的原理、结构、性能，而且还要做到快速判断故障原因并及时维修、排除故障，充分发挥设备的使用性能

☞设备日常保养的经济效益

设备的日常保养是在设备没有出现故障的情况下，对设备进行检查，清洗构件，更换易损件，添加更换润滑油，以保证维持设备正常工作的日常活动。从表面看，企业要支付资金来维持机械设备的日常保养工作，但从大局及长期利益看有以下两个方面：

其一，日常维护保养技术要求简单，费用低，同时保证设备进行正常作业，减少零部件的磨损，延长设备的使用寿命，使得企业更为科学、合理地配置有限的资源，同时达到"节流、开源"的目的。

其二，设备使用年限越短，可靠性越高；使用年限越长，可靠性越低。可靠性越低即机械设备越容易发生故障，设备的有形磨损越严重，修复其所需费用也就越大。现代化设备是资金密集的装备，设备投资和使用费用十分昂贵，迫切要求设备管理的经济效益。因此，通过对设备的日常维护和保养来减少设备的有形磨损，减少设备寿命周期内的维修费用和其他非正常性开支是十分有必要的。

设备管理的目的就是按照设备固有的规律及客观经济规律，通过维护保养等手段使设备的各种性能指标保持高度完好，提高其生产率和利用率，延长使用寿命并谋求最经济的设备寿命周期费用，追求无事故、高效益，最终赢得企业效益和社会效益，从而更好地为国家的基本建设服务。这就是设备保养的最终目的。

设备日常维修中存在的问题及解决方法

设备日常维修过程中存在的问题主要有：大拆大卸、盲目换件、装配后出现故障、配件代用或错用、维修方法不正规、垫片使用不规范、"小件"好坏不重视、隐性故障频繁出等。下面我们来看看针对这些问题有哪些解决方法。

☞不能正确判断分析故障，盲目大拆大卸的现象司空见惯

一些维修人员由于对工程机械结构、原理不清楚，不认真分析故障原因，不能准确判断故障部位，凭着"大概、差不多"的思想盲目对机械大拆大卸，结果不但原故障未排除，而且由于维修技能和工艺较差，又出现新的问题。因此，当机械出现故障后，要通过检测设备进行检测，如无检测设备，可通过"问、看、查、试"等传统的故障判断方法和手段，结合工程机械的结构和工作原理，确定最可能发生故障的部位。

在判定工程机械故障时，一般常用"排除法"和"比较法"，按照从简单到复杂、先外表后内部、先总成再部件的顺序进行，切忌"不问青红皂白，盲目大拆大卸"。

☞盲目更换零部件，一味"换件修理"的现象不同程度地存在

工程机械故障的判断和排除相对困难一些，有些维修人员一贯采用换件试验的方法，不论大件小件，只要认为可能是导致故障的零部件，一个一个更换试验，结果非但故障没排除，还把不该更换的零部件随意更换了，增加了消费者的开支。有些故障零部件完全可以通过修理恢复其技术性能，不需要复杂修理工艺即可修复，但维修人员却要求用户更换新件，一味采取"换件修理"的方法，造成严重的浪费。上述盲目换件试验和一味更换可修复零件的做法在一些修理单位还不同程度地存在着。

在维修时，应根据故障现象认真分析判断故障原因及部位，对能修复的零部件要采取修理的方法恢复技术性能，杜绝盲目更换零部件的做法。

☞不检查新件质量，装配后出现故障的问题比较常见

在更换配件前，有些维修人员对新配件不做技术检查，拿来后直接安装

到工程机械上，这种做法是不科学的。目前市场上出售的零配件质量良莠不齐，一些假冒伪劣配件鱼目混珠；还有一些配件由于库存时间过长，性能发生变化，如果不经检测就装配，常常容易引起故障的发生。

在更换新配件前一定要进行必要的检查测试，检测包括外观及性能测试，确保新配件无故障，避免引起不必要的麻烦。

☞不注意配件型号，配件代用或错用的现象较普遍

在维修工程机械时，配件代用或错用的现象仍然较普遍，有些配件应急代用是可行的，但长时间使用却有害无益，影响机械的安全和技术性能。

有些维修人员对机械结构、原理了解较少，很多零配件型号不符，但却认为只要能装上就行，不考虑能否发挥机械的技术性能。因此，在维修工程机械时，应尽量使用原装型号的配件，少用其他型号配件代用，更不能错用。

☞维修方法不正规，"治标不治本"仍是一些维修单位惯用的手段

在维修工程机械时，一些维修人员不采取正确的维修方法，认为应急措施是万能的，以"应急"代"维修"、"治标不治本"的现象还很多。比如经常遇到的"以焊代修"，就是很好的例子，一些部件本可进行修理，但有些维修人员图省事，却常采用"焊死"的方法。液压油缸耳环和油缸活塞杆连接螺纹损坏后，用直接焊接的方法，致使油缸油封损坏后无法更换，漏油严重；当发现工作装置动作缓慢或转向困难时，不查故障原因，盲目调高系统的工作压力，导致系统压力过高，易损坏油封、管路、液压元件等；为了使柴油机"有劲"，人为调大喷油泵的供油量和调高喷油器喷油压力。这些不正规的维修方法只能应急，却不可长期使用，必须从根本上查出故障原因，采取正规的维修方法排除故障，应引起维修人员的注意。

☞垫片使用不规范，随意使用的现象仍然存在

工程机械零部件配合面间使用的垫片种类很多，常用的有石棉垫、橡胶垫、纸板垫、软木垫、毛毡垫、有色金属垫（铜垫、铝垫）、铜皮（钢皮）石棉垫、绝缘垫、弹簧垫、平垫等。一些用来防止零部件配合面间漏油、漏水、漏气、漏电，一些起紧固防松作用。

每一类垫片使用的时机和场合都有不同的规定和要求，因此必须规范使

用。在维修工程机械时，垫片使用不规范甚至乱用的现象比较严重，导致配合面间经常发生泄漏，螺栓、螺母自行松动、松脱，影响工程机械的正常使用。如发动机气缸垫过厚，导致压缩比降低，发动机启动困难；喷油器与气缸盖配合面间使用铜垫片，如使用石棉垫代替，易使喷油器散热不良发生烧蚀；柴油机输油泵和喷油泵结合面间垫片过厚，导致输油量及输油压力不足，柴油机功率下降；如漏装弹簧垫、锁紧垫、密封垫，致使接合不紧，易发生松动或漏油等现象；因垫片中间有孔而忘记开孔导致油道、水道堵塞，发动机烧瓦抱轴、水箱开锅的现象也经常发生。

☞ "小件"好坏不重视，因"小"失"大"导致故障增加

在维修作业时，一些维修人员往往只重视喷油泵、输油泵、活塞、缸套、活塞环、液压油泵、操纵阀、制动、转向系统等零部件的维护，却忽视了对滤清器、溢流阀、各类仪表等"小件"的保养，他们认为这些"小件"不影响机械的工作，即使损坏也无关紧要，只要机械能动就凑合着用。殊不知，正是这些"小件"缺乏维护，导致机械发生早期磨损，缩短使用寿命。

"小件"包括工程机械使用的柴油滤清器、机油滤清器、空气滤清器、液压油滤清器、水温表、油温表、油压表、感应塞、传感器、报警器、预热塞、油液滤网、水箱盖、油箱盖、加机油口盖、黄油嘴、储气筒放污开关、蓄电池箱、喷油器回油接头、开口销、风扇导风罩、传动轴螺栓锁片等。这些"小件"是工程机械正常工作及维护保养必不可少的，对延长机械的使用寿命至关重要，在维修作业时，如果不注意维护保养，常会"因小失大"，导致工程机械故障的发生。

☞维修禁忌忘脑后，隐性故障频繁出

维修工程机械时，有些维修人员不了解维修中应注意的一些问题，导致拆装中经常出现"习惯性"的错误，影响机械的维修质量。

如热车拆装发动机气缸盖，易导致缸盖变形裂纹；安装活塞销时，不加热活塞而直接把活塞销打入销孔内，导致活塞变形量增大，椭圆度增加；曲轴主轴瓦或连杆瓦背加铜垫或纸垫，易堵塞油道，导致烧瓦抱轴事故；在维修柴油机时过量刮削轴瓦，轴瓦表面的减磨合金层被刮掉，导致轴瓦钢背与曲轴直接摩擦发生早期磨损；拆卸轴承、皮带轮等过盈配合零部件时不使用拉力器，硬打硬敲，易导致零部件变形或损坏；启封新活塞、缸套、喷油嘴

偶件、柱塞偶件等零件时，用火烧零件表面封存的油质或蜡质，使零件性能发生变化，不利于零件的使用。

☞零件除污、清洗不彻底，早损、腐蚀常发生

维修工程机械时，正确清除零部件表面的油污、杂质对提高修理质量，延长机械使用寿命有着重要意义。由于不注意加强零件的清洗、清洗剂选用不合理、清洗方法不当等，都会导致零部件早期磨损、腐蚀性损坏的现象，而这些在一些修理单位还时有发生。不彻底清除缸套台阶、活塞环槽内积炭、螺栓孔内杂物、液压元件内砂粒，导致螺栓扭矩不足、活塞环易折断、缸垫烧蚀、液压元件早期磨损等也是常见的问题。

在大修工程机械时，不注意清除柴油滤清器、机油滤清器、液压油滤清器、柴油机水套、散热器表面、润滑油油道等处积存的油污或杂质，使维修工作不彻底，从而导致工程机械无故障运行时间的减少。

实施三级保养制，实现"三好"、"四会"

三级保养制是专业管理维修与群管群修相结合的一种设备维修制度，它是依靠群众，充分发挥群众的积极性，实行群众管理，搞好设备维护保养的有效办法。通过实施设备三级保养制，达到"三好"、"四会"的目的。

☞三级保养制的内容

三级保养制的具体内容包括日常维护保养（通称为例保）、一级保养（简称一保）和二级保养（简称二保）。如表 3-21 所示。

表 3-21　三级保养制内容

事项	内　　容
日常维护保养	班前班后由操作工认真检查设备，擦拭各个部位和加注润滑油，使设备经常保持整齐、清洁、润滑、安全。班中设备发生故障时，及时给予排除，并认真做好交接班记录
一级保养	以操作工为主，维修工为辅，按计划对设备进行局部拆卸和检查、清洗规定的部位，疏通油路、管道，更换或清洗油线、油毡、滤油器，调整设备各部位配合间隙，紧固设备各个部位

续表

事项	内 容
二级保养	以维修工为主，列入设备的检修计划，对设备进行部分解体检查和修理，更换或修复磨损件，清洗、换油，检查修理电气部分，局部恢复精度，满足加工零件的最低要求

☞ "三好"、"四会" 的内容

"三好" 的内容如表 3-22 所示。

表 3-22 "三好" 内容

事项	内 容
管好	自觉遵守定人定机制度，凭操作证使用设备，不乱用别人的设备，管好工具、附件，不丢失损坏，放置整齐，安全防护装置齐全好用，线路、管道完整
用好	设备不带故障运转，不超负荷使用，不大机小用、精机粗用。遵守操作规程和维护保养规程。细心爱护设备，防止事故发生
修好	按计划检修时间，停机修理，积极配合维修工，参加设备的二级保养工作和大、中修理后完工验收试车工作

"四会" 的内容如表 3-23 所示。

表 3-23 "四会" 内容

事项	内 容
会使用	熟悉设备结构，掌握设备的技术性能和操作方法，懂得加工工艺，正确使用设备
会保养	正确地按润滑图表规定加油、换油，保持油路畅通，油线、油毡、滤油器清洁，认真清扫，保持设备内外清洁，无油垢、无脏物、漆见本色铁见光。按规定进行一级保养工作
会检查	了解设备精度标准，会检查与加工工艺有关的精度检验项目，并能进行适当调整。会检查安全防护和保险装置
会排障	能通过不正常的声音、温度和运转情况，发现设备的异常状况，并能判断异常状况的部位和原因，及时采取措施，排除故障。发生事故，参加分析，明确事故原因，吸取教训，做出预防措施

实例解析设备维修管理 PDCA 循环

PDCA（Plan Do Check Act）循环是由美国的 W. 爱德华·戴明博士提出来的，所以又称为"戴明环"。PDCA 循环是设备管理中的一个重要原理，在设备维修的日常管理中具有重要作用。掌握设备管理的每个过程都是一个 PDCA 循环的闭环控制系统，PDCA 每循环一次就上升一个台阶。

PDCA 循环过程分为八个步骤：找问题、找原因、找要因、定计划、执行、检查、总结经验、提出新问题。提出新问题后，又进入下一个 PDCA 循环。这里以企业的供电设备管理为例，介绍 PDCA 循环在设备管理中的应用。

☞分析阶段

供电设备是企业的能源保证，在企业的正常生产过程中具有非常重要的作用。现代企业，所有工作及设备都离不开电，没有电，企业将无法运行。供电设备有一整套的规程和标准。例如，设备标准、现场运行规程、防备性试验规程、设备缺陷制度等，针对这一整套严酷的规程和制度，在实际工作中有设备原理、试验报告、运行记录等相应的基础数据。通过认真监视设备运行状态，并结合设备的各项基础数据，分析出设备的潜在缺陷和弱点。

以某 110kV 变压站的主变压器为例，该变压器有生产制造的相关图纸、出厂试验报告，安装投运过程中的试验报告、验收报告，自投运以来的各种防备性试验报告，以及平日的运行记录等。我们发现，该变压站近期油温偏高。发现问题后，首先，查找产生的原因，才能有的放矢。查明原因常用因果分析法、鱼刺法、头脑风暴法等，将所有原因全部找出。其次，查找主要原因。任何问题的产生，都是在主客观条件的作用下发生的，有着很多的原因。如果能从错综复杂的原因中找出主要原因，问题即可迎刃而解。

以 110kV 变压站近期油温偏高的问题为例，首先，通过"头脑风暴法"，找出了使油温升高的所有可能原因。其次，我们通过对运行记录进行分析，对油品进行检测，对原先提出的原因用排除法进行筛选，找出引起油温升高的主要原因是生产持续提升，新增设备增多，用电增加，负荷偏大所致。

这一阶段中，运用到 PDCA 循环八大步骤中的第一、第二、第三个步骤。

☞措施制定阶段

找到了主要原因，就要根据原因研究措施，制订整改目标及计划：整改目标很简单，就是要使设备在运行过程中，油温处于正常水平。要解决主变负荷偏大的问题，方法有两个：一是减少负荷。采用错峰生产管理，即各生产分厂错开上班时间，确保负荷小于变压站最大容量。二是加大变电站容量。加大变电站容量有两个措施，即将先用于应急的变压器并联上来，加大变压器容量，然后采购大容量的新变压器。

经过对上述方案进行可行性、经济性分析后，确定采用并联变压器的方案，该方案既节省投资又提高设备利用率。同时，当其中一个变压器出现故障时，采用生产分厂错开上班时间的方案作为应急预案，以确保生产正常运转及设备正常运行。

根据确定的方案，经与生产管理部门沟通，制定并联变压器的计划：指派改造总负责人，确定进行并联的改造时间、改造前的准备工作和改造后的试运行方案，对每个分任务都指派分负责人。同时，指定应急预案的编制负责人。

此阶段，是 PDCA 循环中第一阶段的定计划步骤。

☞实施阶段

PDCA 管理循环法的第二阶段是实施阶段，这一阶段的核心内容是落实措施、实施计划。这一阶段是 PDCA 循环管理中最为关键的一步，它是将制订的工作计划，切切实实地付诸行动。如果仅仅制订了整改措施，而得不到扎扎实实的落实，既定的目标就会落空。计划要层层分解，做到责任到人。

否则，整改目标难以保证按时、按质、按量地完成。就以变压器并联改造方案而言，要牵扯到改造方案的设计、财务人员的资金落实、采购部门的材料供应、操作人员的现场操作、电力线路施工部门的现场勘测、施工等工作，只有层层分解任务，各司其职，才能保证整改措施的顺利完成。

☞检查阶段

这一阶段就是把整改结果与初定计划相比较，看是否达到了预期的效果。如果没有达到效果，则分析未达效果的原因，找出原因，再一次运用 PDCA 循环进行解决。如果效果达到预期，则进入下一阶段，总结经验阶段。

☞**总结阶段**

改造完成后，应对本次问题解决进行总结，将好的经验保存下来，为后人留下宝贵的财富。同时，设备经过改造后，操作规程和执行标准都会发生变化。需将新的操作规程制度化，形成新的标准，保证设备的正常运行。

设备改造后，需继续进行运行监控及数据记录，查找新的问题，进行新的 PDCA 循环。

PDCA 循环是综合性循环，其管理过程的四个阶段是相对的，是密不可分的，把它引入到企业的设备管理中，每进行一次管理循环就发现和解决一些问题，通过发现、解决，再发现、再解决的良性循环，从而确保企业设备的健康水平，促进我国国民经济的又好又快发展。

第四部分：TPM 实践现场四要素：6S、六源、可视化、定置化

　　6S、六源、可视化和定置化是 TPM 实践现场的四个要素：6S 现场管理由日本企业的 6S 扩展而来，是现代工厂行之有效的现场管理理念和方法，其作用是提高效率，保证质量，使工作环境整洁有序，预防为主，保证安全；寻找和解决"六源"是开展 TPM 活动的主要任务；可视化管理能让企业的流程更加直观，使企业内部的信息实现可视化，并能得到更有效的传达，从而实现管理的透明化；生产现场定置化管理则可以让生产现场管理更加文明化、科学化，从而达到高效生产、安全生产的目的。

第一章 推行 6S 活动的要点

6S 就是整理 (Seiri)、整顿 (Seiton)、清扫 (Seiso)、清洁 (Seiketsu)、素养 (Shitsuke)、安全 (Safety) 六个项目，因其日语的罗马拼音均以 "S" 开头，因此简称为 "6S 管理法"。推行 6S 活动的要点在于：掌握 6S 现场管理方法与技巧；营造 6S 活动推行氛围；加强 6S 管理巡检力度。

6S 现场管理的方法与技巧

6S 现场管理的本质是一种执行力的企业文化，强调纪律性的文化，不怕困难，想到做到，做到做好，作为基础性的 6S 现场生产管理工作落实，能为其他管理活动提供优质的管理平台。

☞现场整理

将工作场所的任何物品区分为有必要和没有必要的，除了有必要的留下来，其他的都消除掉。其目的是腾出空间，空间活用，防止误用，塑造清爽的工作场所。

现场整理的内容、作用和效果如表 4-1 所示。

表 4-1　现场整理的内容、作用和效果

序　号	内　容	作　用	效　果
1	腾出空间	增加作业、仓储面积	节约资金
2	清除杂物	使通道顺畅安全	提高安全
3	进行分类	减少寻找时间	提高效率
4	归类放置	防止误用误发货	提高质量

☞现场整顿

把留下来的必要用的物品依规定位置摆放，并放置整齐加以标示。目的：使工作场所一目了然，消除寻找物品的时间，消除过多的积压物品对空间的占用。

现场整顿的内容、作用和效果如表 4-2 所示。

表 4-2 现场整顿的内容、作用和效果

序 号	内 容	作 用	效 果
1	场所	区域划分明确	一目了然
2	方法	放置方法明确	便于拿取
3	标识	减少差错	提高效率

☞现场清扫

将工作场所内看得见与看不见的地方清扫干净，保持工作场所干净、明亮。

现场清扫目的和作用如表 4-3 所示。

表 4-3 现场清扫的目的和作用

序 号	目 的	作 用
1	提升作业质量	提高设备性能
2	良好工作环境	减少设备故障
3	"无尘化"车间	提高产品质量
4	目标零故障	减少伤害事故

☞现场清洁

将整理、整顿、清扫进行到底，并且实行现场清洁制度化，经常保持环境处在美观的状态。

现场清洁的作用和要点如表 4-4 所示。

表 4-4　现场清洁的作用和要点

序　号	作　　用	要　　点
1	培养良好工作习惯	职责明确
2	形成企业文化	重视标准管理
3	维持和持续改善	形成考核成绩
4	提高工作效率	强化新人教育

☞员工素养

每位成员养成良好的习惯，并遵守规则做事，培养积极主动的精神（也称习惯性）。目的：培养有好习惯，遵守规则的生产管理员工，营造团员精神。

员工素养的要领和方法如表 4-5 所示。

表 4-5　员工素养的要领和方法

序　号	要　领	方　法
1	制定规章制度	利用早会、周会进行教育
2	识别员工标准	服装、厂牌、工作帽等识别
3	开展奖励制度	进行知识测验评选活动
4	推行礼貌活动	举办板报漫画活动

☞安全教育

重视全员安全教育，每时每刻都有安全第一的意识，防患于未然。

安全教育的目的和方法如表 4-6 所示。

表 4-6　员工素养的目的和方法

序　号	目　的	方　法
1	保障员工安全和生产的正常运转	利用早会、周会进行教育
2	减少经济损失，紧急对应措施	安全隐患识别，实行现场巡视

总之，整理、整顿、清扫是具体内容；清洁是指将前期的工作制度化、规范化，并贯彻执行及维持结果；素养是指培养每位员工养成良好的习惯，并遵守规则做事，开展 6S 容易，但长时间的维持必须靠素养的提升；安全是基础，要尊重生命，杜绝违章。由此可见，6S 之间是彼此关联的。

营造 6S 活动推行氛围

在企业推行 6S 的目的就是让它最终成为一种文化，成为公司文化的一部分。要让 6S 变成文化，开始时需要施加一些压力，但压力并不是最能发挥组织效率的。只有当它变成团队的目标，每位员工的目标，它的推行才能迅速有效。所以要通过各种途径进行舆论宣传，让员工在心理上主动地去接受 6S，为 6S 的推进创造一个有利的氛围。那么如何营造 6S 活动推行氛围呢？要在公司中宣传、造势，具体方法有如下几种：

☞利用公司内部刊物进行宣传

公司内刊可以在公司内部传递信息、发布消息，进行内部沟通。因此，可以通过它向员工介绍公司目前管理上存在的问题，与同行业内其他企业的差距在哪里，而现在准备进行或者正在进行中的 6S 将会或者已经帮助企业解决了哪些问题、使哪些方面得到改善。注意要体现在具体的数字上而非文字描述上，比如，某材料消耗从上月的 7% 下降到 5%，直接节约经济成本 1%。在刊物中还需要讲明 6S 下期的目标是什么，预计通过怎样的办法贯彻执行等。在 6S 启动之初，每位员工都会有个适应过程，当人人都能清楚地理解或者看到实施 6S 的显著成效时，积极主动性自然会被逐渐调动起来。

☞召开内部动员大会

为了在整个公司内部制造舆论氛围，要向全体员工传递公司对 6S 的态度，组织 6S 动员大会，让公司的领导和各部门经理在大会上发言。要让员工明白整个公司将 6S 放在什么位置，让员工知道公司对 6S 的重视和持续推进的决心。通过这个大会要让所有那些观望、迟疑的人员认清方向，在 6S 的推进过程中要不折不扣地做好自己分内的工作。

☞利用标语牌进行宣传

标语牌可以出现在车间、办公区、会议室等场所，它能迅速在公司内部传递 6S 推进目标。员工只要在单位里上班就能看到 6S 的标语牌，这样频繁地重复可以增加员工对变革的适应性并逐渐接受进而到支持认同。

☞充分发挥宣传栏的作用

宣传栏是公司舆论宣传和时事发布的窗口，有反映及时、形式多样等优点，在 6S 的宣传造势中可以发挥其独有的特点。宣传栏可以及时将 6S 与公司发展的必然性、公司为什么要选择 6S、公司将怎样推行 6S 等及时生动地展现出来，以便营造一个有共同意识的氛围，使整个活动更容易被理解和支持。

在 6S 管理开展时把前后的照片贴在公告栏等注目的地方进行展示，对参加改善工作的员工所做的贡献加以肯定，充分地激发员工的成就感和自豪感，同时也可以起到鞭策和鼓励后进人员的作用。另外还可通过评分考核及竞赛结果的公布增强员工的集体荣誉感，以激励员工更努力地工作。

加强 6S 管理巡检力度

6S 管理是一种基础性管理方式，根据企业自身情况，不断地进行调整，使得 6S 管理更加符合企业的发展，成为自己企业的一种管理特色。但在运行 6S 管理过程中，仍然存在不少的问题，特别是对于三级巡检的问题，表现得尤为突出。

对于三级巡检存在的问题不断地进行分析，找出存在的根源，层层落实，领导带头，不断进行创新改善，才能够让巡检落到实处。

☞加深对巡检认识的重要性

巡查是 6S 管理的基础，是整个管理流程的关键所在，是 6S 管理扎实运行的根本保证。特别是与党委绩效管理对接之后，巡查作为管理流程的第一步，直接决定着 6S 管理的整个流程是否扎实。所以说，只有抓好三级巡查，才能真正抓好 6S 的落实和规范问题。

按照 6S 管理制度的要求，各试点单位必须成立巡查考评组，并要对巡查次数、时间、路线等作出明确的规定。在管理层次上设置三级巡查：一级是班组长巡查，二级是中层管理人员（车间、副职、跟班队干）巡查，三级是科队长巡查。由此可见，这三级巡查覆盖了本单位的所有员工、所有工作，而且能够保证及时发现问题，及时解决问题，实现了全过程的控制，对提升现场管理，落实安全生产管理的"三走到"、"三必到"，规范员工操作，实行精细化管理，这对于提高企事业的管理水平起着十分重要的作用。

巡查是 6S 管理的核心，也是本单位对各项工作进行管理、落实的核心。巡查绝对不能为巡查而巡查，更不是填填表格图一个形式。要真正落实好巡查，必须提高认识，端正态度，深刻理解巡查的重要性。不仅要从规范 6S 管理的角度去看待三级巡查，更要从科学管理的角度去认识巡查。要根据本单位实际，制定切实可行的巡查制度，不折不扣地严格执行，实行全员、全过程控制，不断提升管理水平，提高工作绩效。

☞ 分析问题，解决问题

几年来，各试点单位在巡查方面大胆实践，实行了"交接班巡查制"、"风险分制"、"3+1 巡查制"等，不断丰富和完善三级巡查，并取得了良好的效果。但也应该看到，在巡查中仍然存在着不少问题，需要尽快整改。

巡查应当坚持"三个必须"，即必须是谁巡查谁填写巡查记录，巡查记录必须现场填写，巡查人员和被巡查员工必须在巡查记录上签字认可。

☞ 充分发挥各级干部与员工的积极性

要真正抓好三级巡查，必须严格按照巡查组的工作职责，严格执行巡查制度，从单位主要领导、中层管理人员，到班组长，再到员工，从上到下层层落实责任，一级巡查一级，再反过来一级监督一级，形成一个巡查网络。同时还要发挥广大员工和各级巡查人员的主动性和创造性，形成一个好的氛围，促进巡查质量的不断提高。具体做法如表 4-7 所示。

表 4-7　充分发挥各级干部与员工的积极性的方法

方法	实施要领
建立 6S 逐级连带责任机制	班组巡查考评直接面对员工，其他级别的巡查考评不直接面对员工，只到班组，由班组分解落实到员工。中层管理人员、班组长要根据考评细则负连带责任，形成层次管理，从而调动各级管理者的积极性

方法	实施要领
建立 6S 巡查监督考核机制	所有巡查必须要有相关班组长和责任人的签名认可，实行对等管理，才能确保巡查落到实处。所以，各单位必须加强引导，提高员工对签字认可制度的认识。同时，还要结合实际，建立巡查监督考核机制，对各级巡查进行有效监督
建立 6S 巡查齐抓共管机制	所有巡查组成员必须按照各自职责认真巡查，形成责任明确的巡查机制。不能只有书记巡查，而行政一把手不巡查；也不能只有班组长巡查，而没有副职领导的巡查；更不能把巡查放在企业文化员工身上

☞领导带头，不断提高巡查的质量

要规范 6S 巡查程序，提高巡查质量，领导必须带头，特别是单位一把手，必须发挥带动作用，推动巡查工作的改进和提升。具体做法如表 4-8 所示。

表 4-8　提高巡查质量的方法

方法	实施要领
带头抓巡查	领导要带头抓巡查，以巡查为手段，提高企业的 6S 管理水平。作为领导，必须坚持到现场调查研究，不断提高领导素质，提高发现问题、解决问题的能力。领导要带头抓好巡查，把巡查作为突破口，以提高巡查质量，来推动管理水平的提高
带头严格执行巡查制度	领导要带头严格执行巡查制度。巡查要以考评细则为依据，对巡查的时间、次数、巡查的问题点都要严格执行，认真填写巡查记录，并对巡查出的问题落实考核，落实整改。领导必须做出榜样，绝不能时紧时松，时断时续，忽冷忽热，更不能让其他人代替

☞大胆探索，创新巡查机制和方法

只有不断创新，企业文化才有生命力。不断创新，也永远是 6S 管理的灵魂和主题。各单位要把巡查创新，作为一个主要创新目标，当作一个创新课题和创新任务。具体来讲，就是要从三个方面来实现巡查的创新，即创新机制、创新内容、创新手段。

创新巡查机制，就是如何巡查、谁来巡查的问题。各单位要结合实际，找准巡查中的薄弱环节，找准巡查与促进安全生产的结合点，研究探索，制定新的巡查机制。比如，外出人员如何巡查，单岗作业人员如何巡查，作业点分散如何巡查等。

创新巡查内容，就是巡查什么的问题。个别单位的巡查还仅仅停留在"准时、清洁、整理"上，对"标准、安全、素养"的考核比较少，而且问题点重复较多。各单位必须建立对巡查内容的分析、统计，制定明确的要求和规定，并对巡查的内容进行考核，推动 6S 管理向"标准、安全、素养"项的考核拓展。

创新巡查手段，就是通过什么来巡查的问题。各单位要解放思想，敢于突破，勇于打破以往的老思路、老方法，借助高科技的现代化手段，借助新的机制，实现巡查手段的创新。

只有从本单位特点出发，从工作实际和工作的需要出发，认真研究，广开思路，制定巡查创新方案，不断调整和改进，持之以恒，才能真正形成本单位的巡查特色。

☞检查指导，推动巡查不断创新

相关监管单位要加强企业的 6S 管理检查指导，针对巡查中存在的问题，督促各单位落实整改，并要积极出主意想办法，帮助各单位实现巡查的创新。具体做法如表 4-9 所示。

表 4-9　检查指导、创新推动的方法

方法	实施要领
坚持动态巡查	把三级巡查作为每月动态巡查、季度检查中的一个主要内容，抽查巡查人员，检查巡查记录，及时发现问题，提出整改意见
严格落实考核	要把巡查工作的落实和创新，作为检查考核的一个重要指标。巡查不能落实到位，没有创新的，要对单位领导进行处罚，出现严重失误的，要对其单位进行处罚，甚至摘牌

巡检在整个 6S 管理实施过程中是非常重要的，它是 6S 管理各个政策落到实处的基础条件，是企业坚持不断地实施 6S 管理的前提，是巩固 6S 管理

成果的保护措施。因此，加强 6S 管理巡检对于企业是非常重要的。

第二章　消除"六源"的科学手段

"六源"即污染源、清扫困难源、故障源、浪费源、缺陷源和危险源。本章讨论 TPM 管理中"六源"问题及解决方法，设备现场的清除"六源"管理这两个问题，然后展示了一个针对设备六源推进 TPM 工作的实例。

TPM 管理中"六源"问题及解决方法

在设备的检查维修管理活动中，TPM 将主动引导员工去寻找和解决"六源"。这"六源"是污染源、清扫困难源、故障源、浪费源、缺陷源和危险源。

☞污染源及其解决方法

污染源即灰尘、油污、废料、加工材料屑的来源。企业的第一污染源是来自设备运行和产品加工过程。包括加工过程产生的加工碎屑、废料、料头、废水、废渣、报废的化学介质、废气、废蒸汽等。另一重要的污染源来自自然环境，如沙尘、空气漂浮物、悬浮颗粒、雨水、生物等污染。

解决方法：污染源的治理主要有三个方向，一是源头控制；二是对污染扩散的防护；三是污染物的收集、回收、再循环利用。清扫是解决污染源的最常用办法，清扫方式也有很多种，要根据设备实际，设计不同的清扫手段，如利用压缩空气清扫，为避免粉尘搬家，可以更多采用工业吸尘器清扫；有的设备部位要通过擦拭来清理，根据设备不同，擦拭的工具可以使棉布、棉纱、软纸灯；有的需要用有机溶剂配合擦拭，有的不能用有机溶液；有的需要用煤油清洗，有的需要用铜毛刷清洗，有的需要同铜刮刀清理等。

☞清扫困难源及其解决方法

清扫困难源系指难以清扫的部位。包括清扫污染频繁、连续污染、危险部位等。

解决方法：解决清扫困难源也有三个方向，一是控制源头，使这些难以清扫的部位不被污染；二是设计开发专用的清扫工具，使难以清扫变成容易清扫；三是污染物的导流、回收和再循环利用。

☞故障源及其解决方法

故障源是指造成故障的潜在因素。故障源头很多，主要包括设备固有故障源、操作不当故障源、维护不当故障源、维修不当故障源、自然劣化故障源等。

解决方法：故障源的解决关键在于了解故障源形成的条件，通过某种手段控制、阻碍故障形成条件的产生或者发展。一旦故障发生，要分析了解故障发生的规律和原因，然后采取相应的措施加以避免，并要根据形成的条件和原因来实事求是地寻找解决办法并予以实施。

☞浪费源及其解决方法

生产现场的浪费是多种多样的，首先是"开关"方面的浪费，如机器空转，气泵继续开动等方面的能源浪费。其次是包括漏水、漏油、漏电、漏气等"漏"的方面的浪费。最后是材料的浪费，包括产品原料、加工用的辅助材料。

解决方法：浪费源的解决也要从来源的"出处"下功夫。如人走灯不灭、空调不关、机器不停；各种泄漏引起的浪费，如漏水、漏气、漏油等，要采取各种技术手段去做好防漏、堵漏工作，实在无法防漏，就做好泄漏物的回收和循环利用等；对于材料的浪费，一方面通过工艺和设计的改进节省原材料，另一方面可以在废材料的回收、还原、再利用方面下功夫。

☞缺陷源及其解决方法

缺陷源即影响产品质量的生产或加工环节，包括精度劣化引起的质量缺陷；工艺切换、工装夹具、治具、模具切换、加工工艺与参数调整不当引起的质量缺陷；误操作、误动作引起的质量缺陷；设备故障过程中引起的质量缺陷；原材料缺陷引起的缺陷等。

解决方法：解决缺陷源的问题一定要从最根本的源头做起，比如从设备本身、员工操作和维修规范着手，只有这样，才能从根本上解决问题。

☞危险源及其解决方法

危险源即潜在的故障发生源。主要包括生产现场环境危险源、设备运行危险源、人为操作危险源等。

解决方法：危险源的解决依赖于对现场环境的分析，找出不合理的环境要素，通过重新布局、环境改造、再设计改建、加装防护设施、现场定置化管理等方式解决；设备运行危险源要通过对设备设计加装防护、报警装置，通过强化对员工的安全防护、劳动保护和培训，或通过对设备工艺的再设计和改进来解决；人为操作危险源通过操作规范训练、严格管理，以及可视化的作业提示来减少和避免。

总之，一切可能引起人身伤害、环境破坏以及企业财产损失的隐患均属于危险源。危险隐患并不一定是即时发生的危险，发生的概率也许不一定很大，但事件发生的后果往往是比较严重的。

设备现场的清除"六源"管理

在设备现场管理中运用科学的改善方法和理论，不仅可以保证产品质量，消除各个环节的浪费，减少危险因素，降低故障率，降低成本，改善环境，更重要的是能大大地提高生产效率，清除"六源"在企业中就能发挥出重大作用。设备现场实施清除"六源"管理必须注重清除的"源头"，同时有一些事项需要注意。

☞清除"六源"，要解决"源头"问题

在企业设备现场管理中，总有一部分设备问题迟迟得不到解决或者反复出现，改善成果得不到保持和巩固。例如，烟末、积尘得不到有效清理，刚刚清扫干净，很快就又被堆积；锈蚀现象得不到有效预防，常规处理达不到满意效果；能源浪费现象此消彼长，设备故障接连不断等。

对于这些问题采取"头痛医头、脚痛医脚"的办法，不仅不能从根本上解决问题，还造成员工工作信心的丧失，设备管理水平的停滞不前。面对这种情况，我们只有追溯问题的"源头"，清除问题的"源头"才能从根本上解决问题。

☞清除"六源"过程中的注意事项

清除"六源"活动应采用循环滚动、不断积累、不断提高的闭环工作方式，即不断地发现"源"、分析"源"、解决"源"，总结"源"的清除方法，巩固"源"的清除成果；根据现场实际情况，可单独解决某个"源"，也可同时针对多个"源"，"源"和"源"可按顺序进行，也可同时交叉进行。要有充分的思想准备，"六源"问题是设备管理中的重点、难点和盲点，要在清除过程中，全员参与，全面细致，形成氛围，养成习惯。

要注意清除"六源"工作和日常工作紧密结合起来，与节能降耗结合起来，绝不能摆花架子走过场，雷声大雨点小。

总之，通过清除"六源"工作的开展，现场环境明显改善，"六源"问题基本消除，设备有效作业率明显提高，设备管理取得了重大成果。

针对设备"六源"推进 TPM 工作的实例

某化工厂尿素装置采用的是斯那姆工艺氨气提法，1993 年建成投产已经运行至今。由于当前与三聚氰胺系统联运，设备运行状况复杂，设备老化且超负荷运行情况严重，检修计划落实困难，维护经验无法共享，如何节能降耗、保护设备、提高设备效能成为重中之重。抓好装置"六源"隐患排查与整治，是实现安全生产、稳定运行的重要前提。围绕"六源"隐患全面推进TPM 工作，是提高设备管理效率、延长设备使用寿命的关键。车间可以从以下几方面来推动工作。

☞推行"三环六步"隐患排查制度

"三环"是指从三个环节上进行防控：一是班组隐患防控，即当班期间班组各岗位人员，对尿素界区设备，定点进行"六源"排查，分析可能出现的问题，填写到当班班组记录中，并录入"六源隐患登记台账"进行监控、整治闭环管理；二是专业隐患防控，即车间各设备专业分管人员，每周进行1~2 次的专业设备点检，对点检结果及时进行设备劣化分析；三是车间和部门联合隐患防控，即每月定期召开隐患排查治理分析会，由车间设备领导牵头、联合相关部门人员，对全车间设备"六源"隐患进行综合分析与诊断，统筹把握安全重点和薄弱环节，建立装置隐患监控台账，对于不能处理的重大隐患，及时编制相关应急预案。

"六步"是指每一个环节中都包括排查、记录、汇报、整改、验收、考核六个步骤。

通过"三环六步法"把"六源"隐患排查整治体系延伸到班组各个岗位、每个员工，构建从班组、专业、车间部门的三级隐患排查体系，形成"三个循环、环环相扣，每环六步、步步闭合"的隐患排查治理闭环防控体系。专业主管部门、车间、班组、个人每一层面对查出的问题一律按照"六步"程序进行闭环管理，保证细致入微无漏洞，全面防范无死角。

☞围绕查找出的"六源"隐患，积极拓展 TPM 各项活动

将 TPM 和公司 EAM 系统有机结合，便于对设备状况进行科学综合分析：EAM 是注重设备的过程控制，信息充分共享，它通过"六源"记录、报警信息等生成异常信息、停机记录、故障（事故）记录（也称待处理任务），提醒相关工作人员进行相关操作，从而保证设备安全运行。由于持续不断地推进此项工作，维修工作大大改善，车间技术人员根据 EAM 系统中设备"六源"记录、设备停机记录、设备故障事故记录、检修维护记录档案，可以及时准确地判断故障原因，准备维修工作需要的备件，以及制定维修所需的必要步骤，为设备管理提供决策支持。通过 EAM 系统实现 TPM 的持续改进。

制定隐患治理流程，形成闭环管理。针对隐患治理过程中的各个环节，明确各个环节责任人的职责，将隐患治理责任落实到具体人员，并确立流程签字把关手续，形成流程闭环。对于班组员工查找出的"六源"隐患，车间根据隐患大小，分类为一般隐患和重大隐患，建立相应的隐患整治程序。同时，根据隐患大小，建立相应汇报跟踪机制。

对于一般小的设备"六源"隐患，车间鼓励员工进行自主维护保养，并在现场岗位上配备了一些简单的维修工具。比如对现场阀门出现的"跑、冒、滴、漏"现象，员工只需要用扳手和管钳扳紧螺栓就能消除。对于一般隐患，班组员工处理不了的，由主管技术人员在第一时间组织检修人员进行检修处理。对于重大隐患，实行第一时间层层确认汇报，由车间组织编制具体整治方法，并组织实施。

建立单点课程 OPL 闭环管理体系。单点教程虽然不如长篇大论更系统、更全面，但它联系生产现场的方方面面，如果不形成闭环管理，它的效果就

会受到影响。为了发挥 OPL 积极作用，需要设计对 OPL 的闭环管理体系。在现场持续改善与合理化提案活动中，凡是值得推广和发扬的内容，均编撰成 OPL，用于对员工培训。

在积极开展 OPL 的同时，还积极推进 OPS 及 QC 活动。现场改善就是车间 TPM 开展的基础活动，在 OPL 和 OPS 的支撑下，结合车间技改、QC 课题攻关，进行持续改善。对于查找出来的"六源"，如果只是简单汇报进行消除，只能算是一名合格员工。车间在通过创建学习型班组活动中，积极引导员工，围绕现场去发现改善点，以合理化谏言（OPS）、改善提案形式，降低类似设备"六源"隐患频发现象。除改善提案外，还积极鼓励员工针对装置中各种问题的处理经验，进行提炼编制单点教案（OPL）、安全警示卡、提合理化建议，对于重大隐患可联合相关部门人员成立课题攻关小组，QC 活动小组，这些活动的持续开展从设备根源上解决了"六源"隐患的频发次数。

☞坚持检查评估，完善激励机制

车间修订完善了《尿素—车间 TPM 管理办法》，将班组"六源"查找、OPL、6S 等与班组劳动竞赛结合起来，并提高各类奖励资金。根据车间 TPM 评分细则每月底进行统计打分，累计积分，每季度进行一次总评，积分值排名第一的从 TPM 基金中一次给班组一定金额的奖励。针对设备"六源"推进 TPM 工作对被评为优秀提案、优秀 OPL、发现重大隐患的项目每月直接进行奖金奖励兑现。另外，车间也及时出台了《员工绩效考评管理办法》，将员工年终考评评优与其"六源"查找、OPL、改善提案、谏言活动、TPM 劳动竞赛挂钩。这些措施极大地提高了班组员工巡检积极性、主动性和创新性，使车间员工在查找"六源"隐患中，形成一股"比、学、赶、帮、超"的良好风气。

做好成果提炼和转化。员工通过"在工作中提炼，在交流中提高"的学习方式，总结出许多针对现场隐患发现和解决的小窍门。比如针对氨的渗漏采用 pH 试纸便可以快速检测到泄漏部位；机封试漏装置可以快速判断新旧机封是否可用，大大提高检修成功率；现场增设快装接头甩头法可以快速处理堵塞管线，避免了割管处理而带来的大量工作量；如何快速正确判断柱塞泵填料是否泄漏扩大的操作技巧等。这些方法的应用都有效解决了生产运行中的难题，大大提高了员工的工作效率。且车间将这些实用技巧进一步提炼，共有 9 项获"国家实用技术知识产权"专利称号，这些成绩的取得，极大地激励了车间员工的创造性。

"六源"查找不只是简单巡检，还是一门科学管理良方，运用好了，可以提高生产效率，确保设备长周期稳定运行。车间围绕装置设备"六源"，以 EAM 为平台，积极推进 TPM 活动的有效开展，多层面推进和调动员工积极性，使得装置现场隐患漏点及时被发现并得到有效处理，对系统长周期稳定运行起到了保驾护航的作用。

第三章　生产现场的可视化管理

可视化管理是指利用 IT 系统，让管理者有效掌握企业信息，实现管理上的透明化与可视化，这样管理效果可以渗透到企业人力资源、供应链、客户管理等各个环节。在生产现场实现有效的可视化管理，要全面理解可视化管理的作用、原则和检查要点，熟知打造生产现场安全可视化的五个步骤，遵循生产现场可视化管理流程。

可视化管理的作用、原则和检查要点

可视化管理也称为目视管理、一目了然管理、一眼即知的管理、看得见的管理。可视化标准，就是将可视化对象的符号或（和）图形的设计输出，用规格、材质、色彩、字体、图例、实例等方式来具体表述，以实现可视化管理的标准化。

☞可视化管理的作用

可视化管理的作用主要体现在以下几个方面，如表 4-10 所示。

表 4-10　可视化管理的作用

序号	内　　容
1	迅速快捷地传递信号
2	使想要管理的地方一目了然

序号	内　容
3	易知正常与否，即谁都能指出正常与否
4	从远处就能辨认出正常与异常
5	形象、直观地将潜在问题和浪费显现出来，任何人使用都同样方便，任何人都容易遵守，容易更改
6	有助于把作业场所变得整洁明亮
7	有助于维持安全愉快的工作环境
8	客观、公正、透明化，有助于统一认识，提高士气
9	营造员工和客户满意的场所
10	明确告知应该做什么，做到早期发现异常情况，使检查有效
11	防止人为失误或遗漏，并始终维持正常状态
12	通过视觉，使问题点和浪费现象容易暴露，事先消除各类隐患和浪费

☞可视化管理的原则

实现有效的可视化管理，必须遵循以下三项原则，如表 4-11 所示。

表 4-11　可视化管理三原则

事项	含　义
视觉化	充分标示、标识，进行色彩管理
透明化	将被遮隐的需要看到的地方显露出来
界限化	即标示管理界限，标示正常与异常的定量界限，使之一目了然

☞可视化管理检查要点

可视化管理检查要弄清楚 10 个问题，这也是可视化管理检查必须把握的 10 个要点。如表 4-12 所示。

表 4-12 可视化管理检查的 10 个要点

序号	内 容
1	在远处也清楚可见吗？
2	加强管理的部位标示没有？
3	好坏状态任何人都能指正吗？
4	任何人都能使用并使用方便吗？
5	任何人都能遵守并在出错时能及时纠正吗？
6	使用可视化道具能增添现场的明亮整洁吗？
7	是否按"（模拟）道具→设置→（模拟）使用"的顺序进行？
8	有不足点时是否进行改善、直到（模拟）道具符合要求位置？
9	没有不足点时耐久性材料制作、设置、使用了吗？
10	可视化与公司标准一致吗？

打造生产现场安全可视化的五个步骤

打造生产现场安全可视化的目的是为了让安全管理一目了然，以引导人的行为，实现安全管理的目的或目标。打造生产现场安全可视化需要遵循以下五个步骤。

☞第一步：识别安全可视化的对象

组成安全可视化工作小组（由安全、生产、设备、环境等专业人员组成），带上相机，从进企业的大门开始，对厂区、道路、办公楼、食堂、宿舍、车间、仓库、现场设备设施装置等，从安全方面进行诊断，如有可视化的但不符合要求（国标或行标）、应有没有的、有但需改进的（或存在问题的）。

现场诊断、识别后，小组将图片进行评审，确定必须要做的安全可视化对象，形成《安全可视化清单》（清单内容包括部门、地点、安全可视化名称、数量、安全可视化的内容、计划制作日期、内制或外协、责任人、预算、进度及备注等），明确要做的先后顺序、数量以及初步预算。

· 168 ·

☞第二步：安全可视化设计与制作

设计的依据，必须符合本企业安全可视化适用的国标、行标、地标、企标（提示：当企标与行业或国标冲突时，以国标为准），所有设计出图都应逐一评审，评审设计图的内容（内容应准确，充分考虑此安全可视化是给谁看的）、图形标志（必须规范应用标准）、尺寸、字体、颜色、材料、预计安装的位置等。

安全可视化设计与制作的原则是：符合标准、内容准确、设计美观、用材合理（材料与费用关系很大）。注意，所有硬质材料的四个角必须倒角（为 R 角），且无毛边。

☞第三步：按设计图制作及安装

安装时注意安装的位置、高度、牢固性，应设置在相应的且醒目的位置，方便人员看。安装后，应及时拍图片，如安全可视化整体的图片以及局部的图片，并将其作为安全可视化标准的实例素材。

☞第四步：形成安全可视化标准并做好培训

将前面的设计稿和安装后的图片，梳理编制，形成安全可视化标准，安全可视化标准应包括文件管理栏、标题、规格、材质、色彩、字体、图例、实例等。将制作好的安全可视化成果，根据内容，对相应的岗位进行培训，让人员明白、熟悉安全可视化的目的和用途，并强调哪些是必须遵守的。

☞第五步：形成安全可视化的定期检查制度

将安全可视化的维持及人员执行情况纳入企业的日常检查与考核，让安全可视化标准落到实处，发挥生产现场安全可视化的作用，实现、达到生产现场安全可视化的目的。

可视化管理推进过程的八个环节

可视化管理成为一种行之有效的管理方法，在企业中被广泛地采用，然而如何才能在企业内部更好地推动可视化管理？可视化管理的推进过程主要由以下几个环节构成：

☞环节一：设定工作目标

企业在导入可视化管理时，首先应明确管理目的、期望目标、推进方法，并形成文件，要把可视化管理当作一件必须做的事情在全公司范围内推行。可视化管理理应与 6S、TPM 互相嵌入，互进互促。原来已导入可视化管理的企业，要把 6S、TPM 作为新的内容，可以在 6S、TPM 开展之初，同时导入可视化管理，以可视化管理、目标管理协助推动 6S、TPM。

☞环节二：建立推进组织

企业可以在 6S、TPM、精益生产推进委员会下，设立可视化工作小组，也可以成立独立的可视化推进委员会或领导小组，领导全公司可视化的实施。

☞环节三：确立方针、策略

可视化管理的有些内容，要强调公司的统一化，如视板的大小、色彩、位置，定量画线的线条颜色、宽度和意义，各种安全标志的形态和颜色，设备故障中、检查中、待修理中的信息显示等，应该有公司统一认同的标准。这一标准尽可能与社会上的标准统一或相近。此外，为了不束缚各部门的独立和创新精神，也为了显示部门特色，一定要给各部门留有自由发展的可视化管理空间。公司的可视化管理应该是集中统一和分散差异之间相辅相成。

☞环节四：制定活动计划

公司的可视化领导小组主要制定全公司的可视化管理推进计划。这个计划首先包括人员培训和宣传，进一步把公司统一要求的内容确定下来，统一视板的定制、标志、内容、形式、资金预算、责任部门和工作时间表，同时建立评估和激励方式。

☞环节五：设立管理项目

6S、TPM 虽然主要着眼于设备现场运行和维护，可视化管理涵盖 6S、TPM 的内容，也可以涵盖 6S、TPM 以外的其他内容，6S、TPM 还可以延伸到其他各个管理领域。对企业而言，设备、质量、交货期、安全、环境、节约、现场改善及合理化建议等内容都是相互推动、不可或缺的，都应纳入可视化管理的范畴。项目可划分为：生产进程与交货期；产品质量；工艺流程；现品（半成品、在制品、返修品、废品、合格品）；设备、工具和状况；现场；改善与合理化建议；员工自主学习（OPL 一点课）；绩效评估和激励。

☞环节六：研究确定展开方法

可视化管理是建立在 6S 活动基础上的，因此，首先要把 6S 互动开展起来。当整理、整顿、清扫、清洁、安全有了一定规范，达到一定素养水平之后，可视化管理的展开条件基本成熟，也可以说是顺理成章了。

其次要准备好可视化管理的条件。如同可视板的设计制作，安装位置的确定，各类信息源、信号源的设计、安装。要让各部门、各层次的执行人员有依据的标准。

再次要建立起推进的网络。可视化管理也是全员的活动，不是公司上层安排少数几个人去做即可的，要让各个职能部门、科室，各个车间工段、小组都有人参加，要建立起自上而下的实施网络。只有如此才能保持可视化管理的活力，才不至于使信息滞后，才能真正发挥自主管理的作用。

最后要建立可视化管理的评估与激励方式。任何一项工作，没有评估、激励也就没有持久性。为此，一定要建立全公司的可视化管理评估激励模式，使这项工作稳定开展。

☞环节七：可视化管理的具体实施

在实施之前，如果能让一些管理者到可视化管理开展得好的企业去参观、学习一下，对本企业的可视化管理的开展有启示和鼓舞作用。

☞环节八：实施效果的追踪

公司负责可视化管理的领导要定期对可视化管理效果进行追踪，使这项工作可控、可调整。

第四章 生产现场的定置化管理

生产现场是企业生产力的载体，企业生产力靠各种生产要素在作业现场的组合、优化中体现。定置化管理指的是对生产现场中的人、物、场所这三者之间进行科学的分析研究，并让三者能够合理结合的一种科学管理方法。企业通过定置化管理可以对生产现场进行整理、整顿，将在生产现场中不需要的一些东西清理掉，将生产中需要的东西放在最合适的位置，让生产现场管理更加的文明化、科学化，从而达到高效生产、安全生产的目的。为此，本章讨论了生产现场定置化管理的内容与要求，生产现场定置化管理的六个步骤，生产现场开展定置化管理的技法。

生产现场定置化管理的内容与要求

作为一种对生产现场中的人、物、场所三者进行科学分析研究，通过 6S 活动，以完整的信息系统为媒介，使之达到最佳结合的科学管理方法，定置化管理有自己特定的内容和要求。

☞生产现场定置化管理的工作内容

定置化管理本着有图并有物，有物必有区，有区必挂牌，有牌必分类的标准实施，做到按图定置、按类存放、账物一致。下面列举几项主要的定置化管理工作内容，如表 4-13 所示。

表 4-13　生产现场定置化管理的工作内容

事项	含　义
设备及工装的定置管理内容	①根据设备、工装的性能特点及管理要求进行分类并编号。②在设备、工装明显位置贴挂标识牌，并应标注其名称、编号、出厂日期、维护保养负责人。③实行定人定机、凭证操作，按操作规程使用设备，并建立操作人员记录制度，对设备运转使用过程中的情况随时记录。④对设备及工装的附件、备件，特别是易损件要分类码放，合理定置。⑤建立完善的车间设备、工装定置化管理图
工具、量具、验具的定置化管理内容	①工具、量具、验具在使用现场应轻拿轻放，使用后放在指定的工具箱内或工作台上。②建立工具、量具、验具管理台账（或明细）并制定出相应的使用管理标准或规章制度。③工具、量具、验具明显位置要粘贴标签，标签上应标注有名称、编号、使用工位。特别是量具、验具必须标注其使用有效期限。④量具、验具在使用过程中要定期检修、校验

事项	含 义
生产现场的区域定置化管理内容	①对生产现场、通道、交验区、返修区、维修区以及各类物品的存放区等进行合理区域划分，并做出标准的信息显示，如标识牌、标志线等。②对易燃、易爆、有毒、有污染的物品按照有关规定给予特别定置。③车间生产班组要有明显的责任划分界限，并对卫生责任区实行定置，设置并悬挂卫生责任区标牌
不良品件的定置化管理	在操作过程中发现的不合格品，必须与合格品隔开放置，可以放置在指定的不良品工位器具内或物品箱（盒）内。但此种工位器具或物品箱（盒）在其明显位置必须有"不良品"字样的标识牌。同时，此种工位器具或物品箱（盒）表面颜色要与生产正常使用过程中的工位器具或物品箱（盒）颜色区别开来

☞生产现场定置化管理要求

企业如果想通过定置化管理进行生产现场的管理，需要满足五大要求，如表4-14所示。

表4-14　生产现场定置化管理五大要求

序号	含 义
1	企业需要对现场进行实际的考察，这样才可以找到企业在生产中存在的问题，只有找到企业中存在的问题了，才可以明确定置化管理的方向
2	企业在对问题进行分析之后，还需要提出对现场改善的方案，定置化管理人员要对新的方案做出具体的经济分析，并和旧的工作方法、工艺流程和搬运路线作对比，确认是不是比较理想的方案
3	企业在对定置化管理进行设计的时候，一定要对生产现场的场地和物品进行科学合理的安排，做好适合企业的定制图和信息媒介物
4	在定制图设计出来之后，就需要按照定制图进行实施，按图定置，按类存放，账物一致
5	按照定置化管理进行管理的时候，还需要定期地对这个管理进行检验和考核，及时发现问题，并及时改善

生产现场定置化管理的六个步骤

定置化管理作为企业管理的一部分，在具体开展实施中，可按照以下六个步骤实施。

☞步骤一：进行工艺研究

工艺研究是定置化管理开展程序的起点，它是对生产现场现有的加工方法、机器设备、工艺流程进行详细研究，确定工艺在技术水平上的先进性和经济上的合理性，分析是否需要使用更先进的工艺手段及加工方法，从而确定生产现场产品制造的工艺路线和搬运路线。工艺研究是一个提出问题、分析问题和解决问题的过程，因此包括以下三个步骤，如表 4-15 所示。

表 4-15　工艺研究的三个步骤

步骤	实施细则
对现场进行调查，详细记录现行方法	通过查阅资料、现场观察，对现行方法进行详细记录，是为了给工艺研究提供基础资料，所以，要求记录详尽准确。由于现代工业生产工序繁多，操作复杂，如用文字记录现行方法和工艺流程，势必显得冗长烦琐。在调查过程中运用工业工程中的一些标准符号和图表来记录，则一目了然
分析记录的事实，寻找存在的问题	对经过调查记录下来的事实，运用工业工程中的研究方法，对现有的工艺流程及搬运路线等进行分析，找出存在的问题及其影响因素，提出改进方向
拟定改进方案	提出改进方向后，定置化管理人员要对新的改进方案作具体的技术经济分析，并和旧的工作方法、工艺流程和搬运线路作对比。在确认是比较理想的方案后，才可作为标准化的方法实施

☞步骤二：对人、物结合的状态分析

人、物结合状态分析，是开展定置化管理中最关键的一个环节。按照人与物有效结合的程度，可将人与物的结合归纳为三种基本状态，如表 4-16 所示。

表 4-16　人与物结合的三种基本状态

状态	含　义
状态一	表现为人与物处于能够立即结合并发挥效能的状态。例如，操作者使用的各种工具，由于摆放地点合理而且固定，当操作者需要时能立即拿到或做到得心应手
状态二	表现为人与物处于寻找状态或尚不能很好发挥效能的状态。例如，一个操作者想加工一个零件，需要使用某种工具，但由于现场杂乱或忘记了这一工具放在何处，结果因寻找而浪费了时间；又如，由于半成品堆放不合理，散放在地上，加工时每次都需弯腰，一个个地捡起来，既影响了工时，又提高了劳动强度
状态三	是指人与物没有联系的状态。这种物品与生产无关，不需要人去同该物结合。例如，生产现场中存在的已报废的设备、工具、模具，生产中产生的垃圾、废品、切屑等。这些物品放在现场，必将占用作业面积，而且影响操作者的工作效率和安全

因此，定置化管理就是要通过相应的设计、改进和控制，消除状态三，改进状态二，使之都处于状态一，并长期保持下去。

☞步骤三：开展对信息流的分析

信息媒介就是在人与物、物与场所合理结合过程中起指导、控制和确认等作用的信息载体。人与物的结合，需要有四个信息媒介物：第一个信息媒介物是位置台账，它表明"该物在何处"，通过查看位置台账，可以了解所需物品的存放场所。第二个信息媒介物是平面布置图，它表明"该处在哪里"。在平面布置图上可以看到物品存放场所的具体位置。第三个信息媒介物是场所标志，它表明"这儿就是该处"。它是指物品存放场所的标志，通常用名称、图示、编号等表示。第四个信息媒介物是现货标示，它表明"此物即该物"。它是物品的自我标示，一般用各种标牌表示，标牌上有货物本身的名称及有关事项。在寻找物品的过程中，人们通过第一个、第二个信息媒介物，被引导到目的场所。因此，称第一个、第二个信息媒介物为引导媒介物。再通过第三个、第四个信息媒介物来确认需要结合的物品。因此，称第三个、第四个信息媒介物为确认媒介物。人与物结合的这四个信息媒介物缺一不可。建立人与物之间的连接信息，是定置化管理这一管理技术的特色。是否能按照定置化管理的要求，认真地建立、健全连接信息系统，并形成通畅的信息流，有效地引导和控制物流，是推行定置化管理成败的关键。

☞步骤四：定置化管理设计

定置化管理设计，就是对各种场地（厂区、车间、仓库）及物品（机台、货架、箱柜、工位器具等）如何科学、合理定置的统筹安排。定置化管理设计主要包括定置图设计和信息媒介物设计，如表 4-17 所示。

表 4-17　定置图设计和信息媒介物设计

事项	实施细则
定置图设计	定置图是对生产现场所在物进行定置，并通过调整物品来改善场所中人与物、人与场所、物与场所相互关系的综合反映图。其种类有室外区域定置图，车间定置图，各作业区定置图，仓库、资料室、工具室、计量室、办公室等定置图和特殊要求定置图（如工作台面、工具箱内，以及对安全、质量有特殊要求的物品定置图）。定置图绘制的原则是：现场中的所有物均应绘制在图上；定置图绘制以简明、扼要、完整为原则，尺寸按比例，相对位置要准确，区域划分清晰鲜明；生产现场暂时没有，但已定置并决定制作的物品，也应在图上表示出来，准备清理的无用之物不得在图上出现；定置物可用标准信息符号或自定信息符号进行标注，并在图上加以说明；定置图应按定置化管理标准的要求绘制，但应随着定置关系的变化而进行修改
信息媒介物设计	信息媒介物设计包括信息符号设计和示板图、标牌设计。在推行定置化管理，进行工艺研究、各类物品停放布置、场所区域划分等都需要运用各种信息符号表示，以便人们形象地、直观地分析问题和实现目视管理，各个企业应根据实际情况设计和应用有关的信息符号，并制定相应的定置化管理标准。在信息符号设计时，如果国家有规定的（如安全、环保、搬运、消防、交通等）应直接采用国家标准。其他符号，企业应根据行业特点、产品特点、生产特点进行设计。设计符号应简明、形象、美观

定置示板图是现场定置化管理情况的综合信息标志，它是定置图的艺术表现和反馈。标牌是指示定置物所处状态、标志区域、指示定置类型的标志，包括建筑物标牌，货架、货柜标牌，原材料、在制品、成品标牌等。它们都是实现目视管理的手段。各生产现场、库房、办公室及其他场所都应悬挂示板图和标牌，示板图中内容应与蓝图一致。示板图和标牌的底色宜选用淡色调，图面应清洁、醒目且不易脱落。各类定置物、区（点）应分类规定颜色标准。

☞步骤五：定置实施

定置实施是理论付诸实践的阶段，也是定置化管理工作的重点。其包括以下三个步骤，如表 4-18 所示。

表 4-18　定置实施的三个步骤

事项	实施细则
清除与生产无关之物品	生产现场中凡与生产无关的物品，都要清除干净。清除与生产无关的物品应本着"双增双节"精神，能转变利用便转变利用，不能转变利用时，可以变卖，化为资金
按定置图实施定置	各车间、部门都应按照定置图的要求，将生产现场、器具等物品进行分类、搬、转、调整并予定位。定置的物品要与图相符，位置要正确，摆放要整齐，储存要有器具。可移动物品，如推车、电动车等也要定置到适当位置
放置标准信息名牌	放置标准信息名牌要做到牌、物、图相符，设专人管理，不得随意挪动。要以醒目和不妨碍生产操作为原则。总之，定置实施必须做到：有图必有物，有物必有区，有区必挂牌，有牌必分类；按图定置，按类存放，账（图）物一致

☞步骤六：定置检查与考核

定置化管理的一条重要原则就是持之以恒。只有持之以恒，才能巩固定置成果，并使之不断发展。因此，必须建立定置化管理的检查、考核制度、制订检查与考核办法，并按标准进行奖罚，以实现定置的长期化、制度化和标准化。

定置化管理的检查与考核一般分为两种情况：一是定置后的验收检查，检查不合格的不予通过，必须重新定置，直到合格为止。二是定期对定置化管理进行检查与考核。这是要长期进行的工作，它比定置后的验收检查工作更为复杂，更为重要。因此，定置考核的基本指标是定置率，它表明生产现场中必须定置的物品已经实现定置的程度。其计算公式是：

定置率＝实际定置的物品个数（种数）÷定置图规定的定置物品个数（种数）×100%

生产现场开展定置化管理的技法

定置化管理是一个动态的整理整顿体系，是在物流系统各工序中实现人与物的最佳结合。因此，要根据现场的实际情况，运用现场诊断、作业研究、工艺分析、动作分析、环境因素分析等基本技法，对现场进行科学的分析，然后进行定置化管理设计。

☞技法一：现场诊断

对现场的现状进行分析，找出存在的问题及原因，设计方案使其达到预定管理目标。诊断要明确工作现场有哪些工具、物品需要定置化管理？采用什么方法方便管理？

☞技法二：作业研究

通过对作业者和班组作业的分析，人和机械的配置分析，研究作业者的工作效率，去掉作业中不合理的定置，清除人和物结合得不紧密的定置，消除生产、工作现场无秩序的定置，从而建立起高效率、合理、文明的生产秩序。其具体做法，一是分析操作者与机器的位置，需定置什么工具、物品；二是操作者动作分析，设置合理定置化管理。

☞技法三：工艺分析

以工艺分析为原则，按物的加工处理过程，分成加工、搬运、检查、停滞、储存五个环节。同时分析工序的经过时间、移动距离，从而确定合理的工艺路线、运输路线，使改进后的环境达到人、物、场所一体化。

☞技法四：动作分析

研究作业者动作，分析人与物的结合状态，发现合理的人、物结合状态，使作业标准化，使物品定置规范化，使人、物、场所结合高效化。

☞技法五：环境因素分析

凡环境因素不符合国家环境标准要求的情况都必须改善，使其达到国家标准。

第五部分：TPM 绩效评估

　　TPM 绩效评估涉及方方面面，TPM 推进过程中的绩效须纳入评估体系之中，以此反映出各个项目的成熟度。第五部分主要阐释了两个方面的内容：设备的综合效率 OEE，并给出使用设备综合效率标准 OEE 的思路；TPM 管理绩效评估体系包括 TPM 管理绩效评估原则、TPM 管理绩效评估指标体系、TPM 管理绩效评估的操作程序等。

第一章　设备综合效率（OEE）

通过设备综合效率（OEE）可以找到造成待工停产的真正原因（机械条件、材料情况、生产人员或质量问题），以便提高各类机器的水平。在工厂水平基础上，OEE 效益因素可以与其他工厂发生联系，提供关键性能指数（KPI）。经理们可以监控 OEE 工厂的因素，然后深入研究，找到问题的根源，一点一点地逐步更新，提高实时工艺水平。因此应该了解什么是设备综合效率 OEE，目标企业 OEE 计算问题，及使用设备综合效率标准（OEE）。

什么是设备综合效率（OEE）？

设备综合效率（Overall Equipment Effectiveness，OEE），即表现设备实际的生产能力相对于理论产能的比率，是一种独立的测量工具。每一个生产设备都有自己的理论产能，要实现这一产能就必须保证没有任何干扰和质量损耗。设备综合效率就是一种严格的机器总体性能的衡量手段，提示时间浪费存在于哪里，而统计各种时间浪费的目的在于实现改进。

☞设备综合效率（OEE）计算公式

从本质上来说，OEE 是一种性能因素，由人工或自动方式采集的机械实用系数、性能系数和质量系数构成。这三种数据点按照下列方式计算：

实用系数＝（操作时间-待工时间）÷总操作时间

性能系数＝总产量÷潜在产量

质量系数＝合格产品÷总产量

然后通过这些系数，计算 OEE 效益，即设备综合效率，用公式表示为：

OEE 效益＝实用系数×性能系数×质量系数

☞设备综合效率 OEE 的应用

同一设备的 OEE 公式可以应用于多个方面，它可以作为基准设计和分析工具用于可靠性分析和设备使用效率分析。如果需要可以从小处开始。选择生产流程的"瓶颈"处使用 OEE。

一旦你发现它是一个多么有价值的工具，你就会逐渐地将它用于你设备的其他方面。如果是在制造业工作，就必须走进车间，对 OEE 进行粗略的度量。

当监控每一台设备的 OEE 时不能仅着眼于设备自身，否则除非原因是明显的，它可能不能提供造成损失的主要真实原因。OEE 能够通过一些改进措施而得到提高，如购买超大型设备提供多余的支持系统和增加检查的频率。

为了增加 OEE 公式中的百分比，可以使用其他工具或方法，如 TDC、RCA、FTA 等。其中 TDC 是一个相对较新的方法，它集中在真实的停工时间损失，以此做出更合理的管理决策。TDC 克服了 OEE 应用的一个主要障碍，它通过为维修管理员提供一个工具，用于显示与 OEE 相关的实际价值储蓄。

作为决策工具，将 OEE 与 TDC 合并，前期将 TDC 与收集的数据结合在一起；后期通过向你的软件供应商索取软件报告，将 TDC 与你的软件结合。

总的来说，不应仅计算设备的 OEE，也应计算生产线的 OEE，对于公司而言，还应计算所有设备的 OEE。对制造工厂而言，也应将 OEE 与自动生产车间自动生成的报告相结合。也有一些公司，他们专门提供车间数据，并且很容易自动读到 OEE 报告。

☞OEE 数据采集方法

在质量方面实行 OEE，可以提高产品直通率（FTT），降低返修率，减少质量成本。

OEE 的计算虽然简单，但是，在实际的应用中，当与班次、员工、设备、产品等生产要素联系在一起时，便变得十分复杂，利用人工采集数据计算 OEE 显得麻烦费事，为了更有效地利用 OEE 这个工具，OEE 数据采集信息化越来越成为人们关心的话题，OEE IMPACT 是世界上最优秀的 OEE 系统，它具有自动化数据采集模块，可以轻松地获取有关设备的生产信息，为 OEE 提供最有价值的数据，同时，该系统也可以生成实时的生产信息报告，包括故障停工、在制品信息和 OEE 等。通过这些有价值的数据，企业的管理工作无疑会变得轻松而简单。该系统已在世界上许多著名公司得到广泛的应用，如标致汽车、美国伊顿汽车零部件等。

☞企业实行 OEE 的意义

在企业规划方面实行 OEE，可以为企业规划提供客观科学的决策依据，也可以为企业提供很多的增值意见和建议。

在生产管理方面实行 OEE，能收集到生产线的实时数据，以便建立车间监控管理系统；能分析、跟踪生产线设备的有效利用情况，以便最大化挖掘设备生产潜力；能分析、跟踪生产线设备的潜在风险和六大损失，以便降低生产成本、提高生产力；能为企业精益生产管理提供可视化的生产报告。

在设备方面实行 OEE，可以降低设备故障以及维修成本，加强设备管理以延长设备的使用寿命。

在员工方面实行 OEE，通过明确操作程序和 SOP，可以提高劳动者的熟练程度和有效工作业绩，从而提高生产效率。

在工艺方面实行 OEE，通过解决工艺上的"瓶颈"问题，可以提高生产力。

☞使用 OEE 时的注意事项

OEE 要应用在一台机器上（可视为一台机器的生产线）而不是应用在整个生产线或全厂上，这样才有意义。

OEE 要作为一系列一体化的综合关键业绩指标中的一部分来运用而不能孤立使用，否则将造成生产批次规模加大或生产出有质量缺陷的产品。

OEE 必须与精益原则相符，要确保对 OEE 的计算不会导致浪费合理化、制度化，例如，绝不允许仅因为换线而浪费很多时间。

企业 OEE 计算的问题解决

企业在进行 OEE 计算时常常遇到很多迷惑的问题，如工厂停水、停电、停气而导致设备不能工作，等待订单、等待排产计划、等待检查、等待上一道工序造成的停机，不知如何计算。下面介绍在不同情况下分析设备损失的方法。

☞利用 OEE 进行损失分析

设备的 OEE 水平不高，是由多种原因造成的，而每一种原因对 OEE 的影响又可能大小不同。在分别计算 OEE 不同"率"的过程中，可以分别反映出不同类型的损失。如图 5-1 所示。

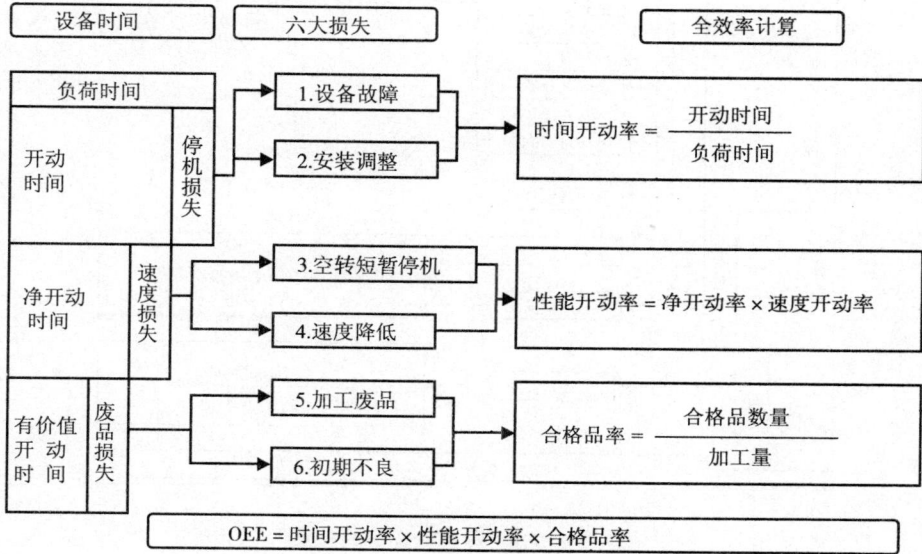

图 5-1　OEE 与六大损失的关系

各类企业设备不同，损失也可能不同。我们当然可以灵活构造不同的损失分析图。图 5-2 显示了某一特定企业的八大损失状况。

进一步地，我们还可以结合运用 PM 分析方法（即通过物理现象寻求人、机、料、法、环等原因的分析方法），对 OEE 不高的原因进行分析。例如，当设备的 OEE 水平不高，可以从 OEE 计算看出是时间开动率低下，于是将时间开动率用方框框起来，再问为什么时间开动率不高，发现是设备故障引起，再继续往下分析，直到找出根本原因为止。如图 5-3 所示。

企业还可以利用鱼骨分析方法从 OEE 的水平追溯各种损失和原因。如图 5-4 所示。

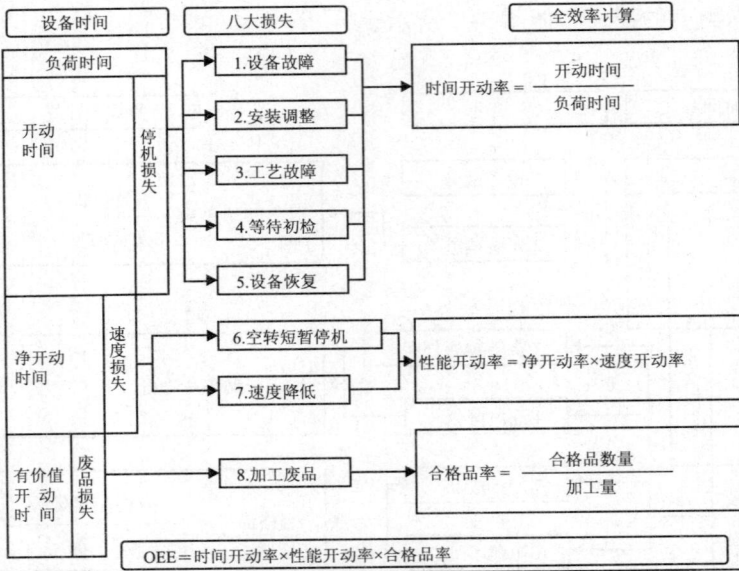

图 5-2　OEE 与八大损失的关系

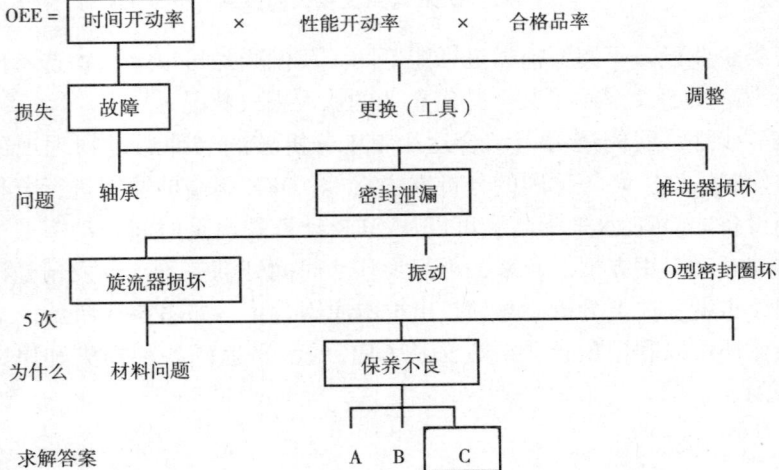

图 5-3　利用 PM 分析方法分析影响 OEE 的原因

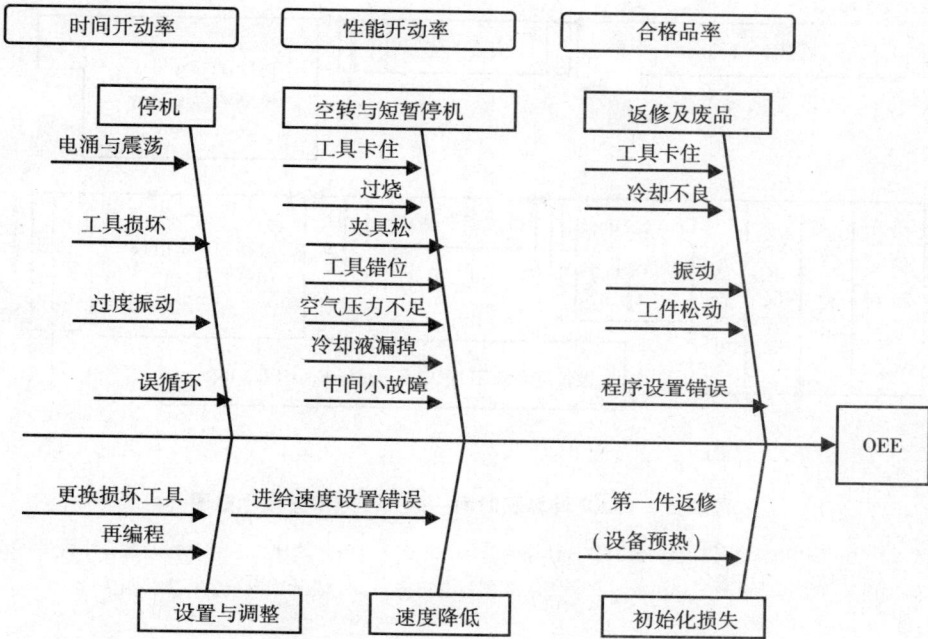

图 5-4　利用鱼骨分析方法分析影响 OEE 的设备损失

☞OEE 计算中遇到的困难和解决方案

我们在计算 OEE，遇到计划停机以外的外部因素时，如无订单、停水、电、气、停工待料等造成的停机损失，通常不知道把这部分损失放到哪里去计算。有人把它们列入计划停机，但它们又不是真正意义上的计划停机。如果算作故障停机，但又不是设备本身故障引起的停机。各个企业的计算五花八门，失去相互的可比性。当我们把 OEE 的计算方式进行扩展，给出"设备完全有效生产率（TEEP）"这一新概念和新算法，上述的问题可以迎刃而解。TEEP 的结构及特征时间，损失与各项效率的关系，如图 5-5 所示。

特征时间	安装调整	时间OT 开动率=EA=PPT

有价值运行时间 VO	质量损失 ④	降速损失 ③	停机损失 ②	计划停机外部因素停机 ①	试产期产品缺陷	合格VOT = RQ = 品率NOT

设备综合效率 (全效率) OEE=EA × PE × RQ

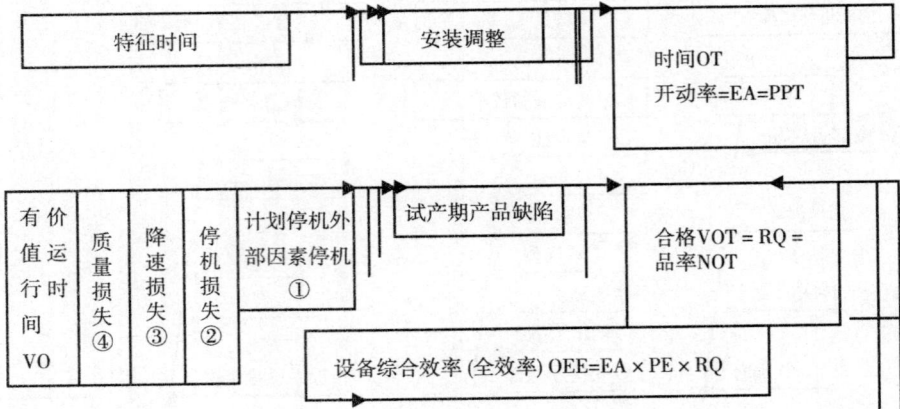

图 5-5　TEEP 计算及时间—损失—效率关系示意图

注：图中黑线框以内部分为 OEE 计算的结构，全图为 TEEP 的计算。图中的①表示计划及外因停机损失，②表示故障及调机损失，③表示降速及空转损失，④表示试产及运行废品损失。

从图 5-5 可见，影响设备管理完全有效生产率的是由影响 OEE 的六大损失加上计划停机和外部因素停机这八大损失构成的。

企业同样可以依据实际生产情况灵活构造 TEEP 关系图。设某企业一个月的设备运行情况如图 5-6 所示。

图 5-6 所反映的企业设备效率里，反映设备因素的指标 OEE 为 59.8，而反映整体设备效率的指标 TEEP 为 58.3，一般低于 OEE 水平。

如何应用设备综合效率标准 OEE?

生产领导层经常会想的一个问题是"我怎样才能赢得竞争？"对于精益管理的拥趸来讲，一个关键的评价标准就是 OEE，也就是设备综合效率。OEE 是衡量设备生产效率的重要标准之一。

☞衡量的标准

一般认为，世界一流水平的 OEE 大概为 85%，很多生产制造商会问，

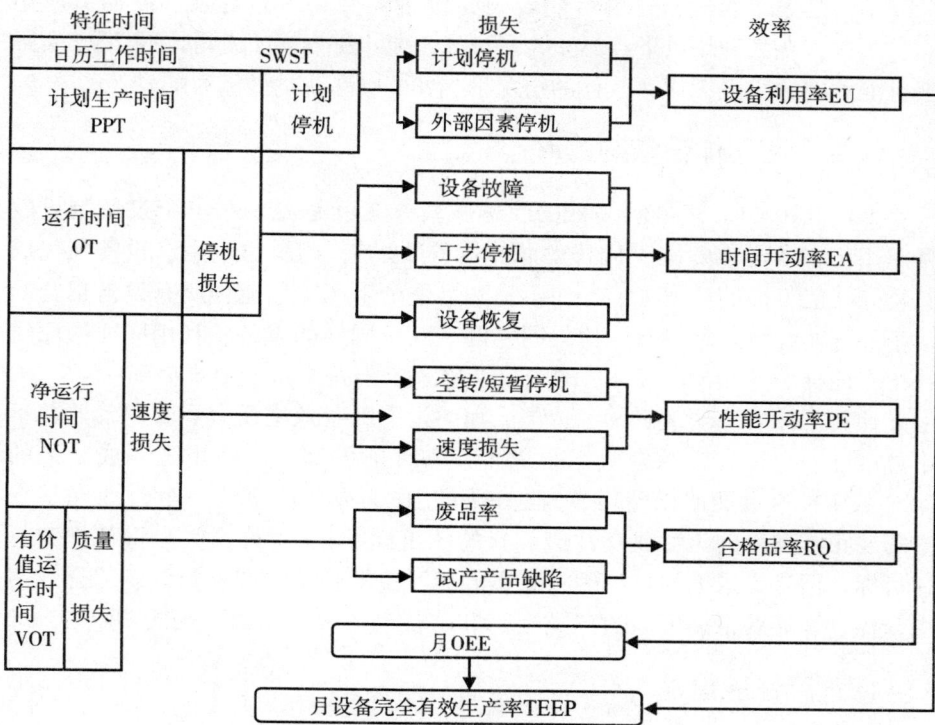

图 5-6 某企业一个月的 TEEP 计算及时间—损失—效率关系示意图

要怎样运营管理才能达到上述目标。答案是：确保正确使用 OEE。根据 LNS 研究公司对基准数据研究的结果显示，不同行业之间 OEE 数值的变换很大，但是人们开始将重点放在设备综合效率的"综合"上，而不是其所属设备和效率上。生产制造商间有这么一个趋势，利用整体产出、所有设备的平均可用率、计划产能为整个运营形成一个设备综合效率度量标准，但是这是错误的。

正如数据表明的，行业不同，OEE 的变化也很大。这很大程度上是由于这样一个事实：不同的设备，如用于生产手机的设备，较之于生产飞机或者生产药物的设备，所得的数据肯定会有很大的差异。即使是在同一个行业内，制造同一种产品的工艺流程和设备也会有很大的差异。比如，生产畅销的钢制轿车的工艺流程和生产铝制车身豪华运动轿车会有很大差异，后者与制造飞机的流程比较接近。

即使是类似的运营，也可能会因为设备类型和工艺复杂程度而有所不同。所以，在某种场景下，85%的"世界一流水平"的目标也许要低于实际上可能达到的水平，而在其他的情况下，70%也许就是最优秀的。

☞单个和总体设备的效率

如何利用 OEE 来推动绩效的改善呢？答案就是需要对单个设备测量效率。用"设备总体效率"代替"总体设备效率"，测量每个生产设备在完成其特定功能方面的效率如何，而不是测量整个生产工艺流程所有设备集合的效率。这个综合数字只有在比较同样的工厂、同样的设备、利用同样的原材料生产同样的产品的时候，才具有实际意义，但这基本上很难见到。

这就意味着工厂或者某个工艺流程的设备综合效率没有意义吗？这并不十分准确。全厂设备综合效率是单个设备性能的综合。使用工厂或工艺的 OEE 数字，有点类似于使用"理想体重"作为人们体重的一个目标（某个身高、正常发育的男性或女性所应有的体重标准）。也许，你会将其作为总体目标，但是应根据你自身的状况和生活习惯做必要的调整。设备综合效率也一样，也需要根据工厂的"类型"和"活动等级"来做适当的调整。

☞资产性能管理

如果我们将注意力放在工艺流程的每个步骤/设备上，那就会非常清楚，设备的性能表现才是我们需要评价的。资产健康状态影响设备的可用率、产品质量和生产能力。利用设备综合效率作为资产性能的一个评价指标，来考察单个设备的性能，是非常好的一个方法。作为持续改进流程的一部分，跟踪每个生产设备的综合利用率，并努力对其进行改进。这样，设备综合效率就成为总体资产性能管理流程中一个非常关键的评价因素。

并没有什么特别的方法可以在资产维护和设备综合效率之间建立直接的联系，只是设备可用率和设备总体效率之间有一些共同性。设备可用率与维护方法成正相关。不同维修策略的可用率从低到高为应对性维护方法、预防性维护方法、预测性维护方法、基于条件的维护方法。将设备综合效率整合进资产管理系统中，可以在改进产品质量方面达到倍增的效果，高效的资产可以产生较少的次品，产量也会提高。在资产性能管理程序中，设备综合效率可以对资产性能进行全方位的考察。

第二章　TPM 管理绩效评估体系

不少企业的评价和薪酬体系总是在引导员工忙于对自己有利的事物，让员工追求权利，争取个人或者小集团利益。这就是一种典型的非系统的考核效果。而建立 TPM 管理绩效评估体系，则能够引导员工努力做好工作，追求绩效的提高，而不只是着眼于某种功利的追求。TPM 管理绩效评估体系应该包括 TPM 管理绩效评估原则、TPM 管理绩效评估指标体系、TPM 管理绩效评估的操作程序。

TPM 管理绩效评估的原则

TPM 管理绩效评估的基本原则包括以下六项：制度公开、透明；评估指针相互补充；评估过程公平、公正；纵向、横向结合；奖励结果差别和半公开；逐层评估，以团队为单元。

这些原则的精神是：评估是为了激励组织进步，所以评估体系应让全体员工明白、了解，这才能起到引导和激励作用。评估的指针应该全面、互补，也可以是动态的，即总是引导最薄弱环节的改善评估流程要公平、公正，既有自上而下的组织和监督，又可邀请各个团队的领导共同参与、相互评价。为了避免或减少评价中的道德风险，在技术处理上可以参照体操评分方式，即去掉最高、最低分，中间分数取平均数，得到最终评价结果。各个团队的结果要拉开差距，拉开多大差距，要依企业文化和现状而决定。因为 TPM 主张团队的合作，评价的基本单元为团队，自上而下逐层向下评价。公司组织对部门的评估，部门组织对车间的评估，车间组织对班组（或生产线）的评估，生产班组（生产线）组织对员工的评估。奖金额度由公司按评估结果分配给部门，部门再按评估结果分配给车间，车间再按评估结果分配给班组，班组再按评估结果分配给个人，再逐级上报到人力资源部门，汇总到财务部门，在薪酬发放上最终体现。评估过程是一个相互学习，员工互相沟通，上下级互相沟通的过程，这个过程需要时间、需要管理成本，因此评估的密度不应过大，建议三个月进行一次，一年进行四次为宜。

TPM 管理绩效评估指标体系

设备管理要进步，度量设备管理的指标也要与时俱进（泰勒早在 100 多年前说过，一个没有度量的体系是很难进步的）。在企业里，用于度量设备管理好坏的指标很多，例如，设备的完好率、设备的可用率、设备综合效率、设备完全有效生产率、设备故障率、平均故障间隔期、平均修理时间、设备备件库存周转率、备件资金率、维修费用率、检修质量一次合格率、返修率，等等。不同的指标用于度量不同的管理方向。

☞设备管理的指标评价

设备的完好率在这些指标里用得最多，但其对管理的促进作用有限。所谓的完好率，是在检查期间，完好设备数与设备总台数的比例（设备完好率 = 完好设备数÷设备总台数），很多工厂的指标可以达到 95% 以上。理由很简单，在检查的那一刻，如果设备是运转的，没出故障，就算是完好的，于是这个指标就很好看。很好看就意味着没有多少可提升的空间了，就意味着没有什么可改善的了，也就意味着很难进步了。为此，不少企业提出对此指标的定义进行改造，如提出每月的 8 日、18 日、28 日检查三次，取其完好率的平均值作为本月的完好率。这当然比检查一次要好，但仍然是点状反映出的完好率。后来有人提出以完好的台时数比上日历工作台时数，完好台时数等于日历工作台时数减去故障及其修理的总台时数。这个指标要真实得多。当然又遇到统计的工作量增加和统计的真实性，遇到预防性维修台时是否扣除的争论。完好率这一指标是否有效反映设备管理状况，这要看如何应用。

设备的可用率在西方国家采用较多，而在我国有计划时间利用率（计划时间利用率 = 实际工作时间÷计划工作时间）和日历时间利用率（日历时间利用率 = 实际工作时间÷日历时间）两个不同提法。西方定义的可用率实际上是日历时间利用率。日历时间利用率反映了设备的完全利用状况，也就是说即使是单班运行的设备，我们也按照 24 小时计算日历时间。因为无论工厂是否使用这台设备，都以折旧形式消耗着企业的资产。计划时间利用率反映了设备的计划利用状况，如果是单班运行，其计划时间就是 8 小时。

设备的平均故障间隔期 MTBF 的另外一个提法叫作平均无故障工作时间（设备平均故障间隔期 = 统计基期无故障运行总时间÷故障次数）。它与故障停机率互补地反映了故障频次，也就是设备的健康状况。两个指标取一个就可以了，不必利用相关指标度量一个内容。另外一个反映维修效率的指标是平均修理时间 MTTR（平均修理时间＝统计基期维修消耗的总时间÷维修次数），它度量的是维修工作效率的改善状况。随着设备技术进步，其复杂程度、维修难度、故障部位、维修技师的平均技术素质以及设备役龄的不同，维修时间很难有确定的数值，但我们可以据此度量其平均状况和进步状况。

设备综合效率 OEE 是比较全面反映设备效率的一个指标，OEE 是时间开动率、性能开动率与合格品率的乘积。就像一个人，时间开动率代表出勤率，性能开动率代表上班后是否努力工作，发挥出应有的效率，合格品率代表工作的有效性，是否经常出差错，是否能够保质保量完成任务。简单的OEE 公式就是：设备综合效率 OEE ＝合格品产量÷计划工作时间的理论产量（详细的说明见第五部分第一章）。

完全有效生产率 TEEP 是最能够彻底反映设备效率的公式而不是 OEE。完全有效生产率 TEEP ＝合格品产量÷日历时间的理论产量，这一指标将设备的系统管理缺陷，包括上下游影响、市场和订单影响、设备产能不平衡、计划安排调度的不合理等不足都反映出来。这个指标一般都很低。

关于维修及其管理方面也有相关的指标反映。如检修质量一次合格率、返修率和维修费用率等。检修质量一次合格率是用检修后的设备试运行一次达到产品合格标准次数比检修次数来度量。工厂是否采用这个指标作为维修团队的绩效指标，可以研究推敲；返修率是设备检修后返修总次数比检修总次数。这比较真实反映检修质量；维修费用率的定义和算法很多，一种是年维修费与年度总产值比，另一种是年维修费与当年资产总原值比，还有一种是年维修费与当年资产总重置费比，再有一种是年维修费与当年资产总净值比，最后一种是年维修费与当年生产总费用比。通常最后一种算法比较常用。

关于备件管理也有不少指标，备件库存周转率（备件库存周转率＝月消耗备件费用÷月平均备件库存资金）是较有代表性的指标。它反映了备件的流动性。如果大量库存资金积压，则会在周转率上体现出来。反映备件管理的还有备件资金率，即全部备件资金与企业设备总原值之比。这个数值的高低随着工厂是否在中心城市、设备是否进口以及设备停机损失影响大小而不同。如果设备一天的停机损失高达几千万元，或者故障对环境污染危害严重，对人身安全危害突出，而备件供货周期较长则备件库存量就要高些，反之，这个备件资金率就尽可能降低。有一个指标是不被人们注意的，但在当代维修管理中十分重要，就是维修培训时间强度（维修培训时间强度=维修培训小时÷维修工时），培训包括设备结构专业知识、维修技术、职业素养和维修管理等内容。这一指标反映了企业对维修人员素养提升的重视程度、投入强度，也间接反映了维修技术能力水平。

☞设备管理的指标总结

工厂经理了解这些关键绩效指标，对于评价和引导设备管理进步很有帮助。有的工厂看到维修人员经常闲着没事，喝茶、抽烟、休息，觉得心里很不平衡。就想用工作量来考核维修人员，结果却适得其反。维修人员修的设备总是留下尾巴和后遗症，不断有新的维修任务冒出，维修人员就像救火队一样"忙"起来了，设备状况反而更糟糕，停机造成的生产损失反而增大。如何评价维修组织绩效又成为一个复杂而值得研究的问题。系统就像一个皮球，这边压扁了，那边却冒出来了。设备管理的 KPI 设计同样关系到企业运行是否流畅。

TPM 管理绩效评估的操作程序

TPM 管理绩效评估是评价到团队的，这样可以激励团队的合作精神。然而，企业的奖酬激励是对应每个员工的，因此团队的绩效必须以绩点形式落实到每个员工身上。考虑到评价成本和员工表现的连续性及绩效惯性，团队成员的评价并不采用实时方式，而是按照半年或者一年的周期进行。评价的结果是以绩点形式体现。针对员工的绩效评价过程就是员工自我总结、交流沟通信息、教育提高的过程。

☞绩效评估的组织机构

绩效评估小组一般由上级直接主管领导、下级员工代表和人力资源相关负责人共同组成。这样的构成可以避免员工定向展示自我成绩现象。也就是说被评价员工不仅应该让他的上级了解他，也应该让其下级认同他。小组一般不吸收同级成员参加，避免因同级之间的攀比、嫉妒而产生的非公正性评价。评估的组织结构如图 5-7 所示。

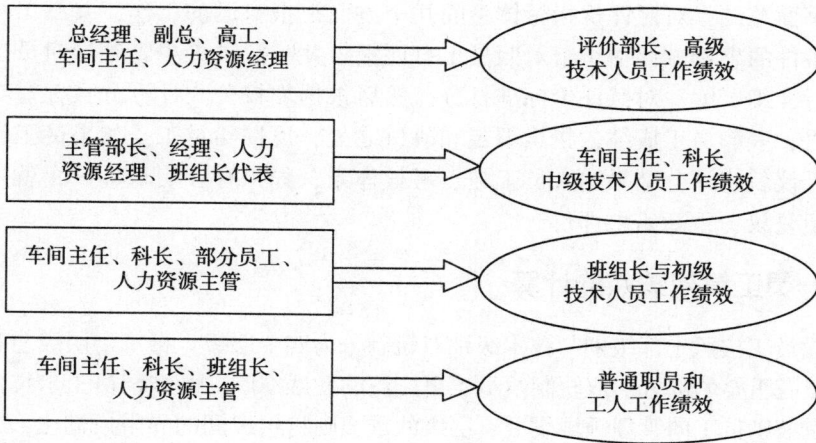

图 5-7　绩效评估的组织机构示意图

☞员工绩点评估流程

员工绩点是按照员工出勤情况、工作效率、工作效果、技能水平以及合作精神等方面进行加权综合评价的。员工评价的操作程序如图 5-8 所示。

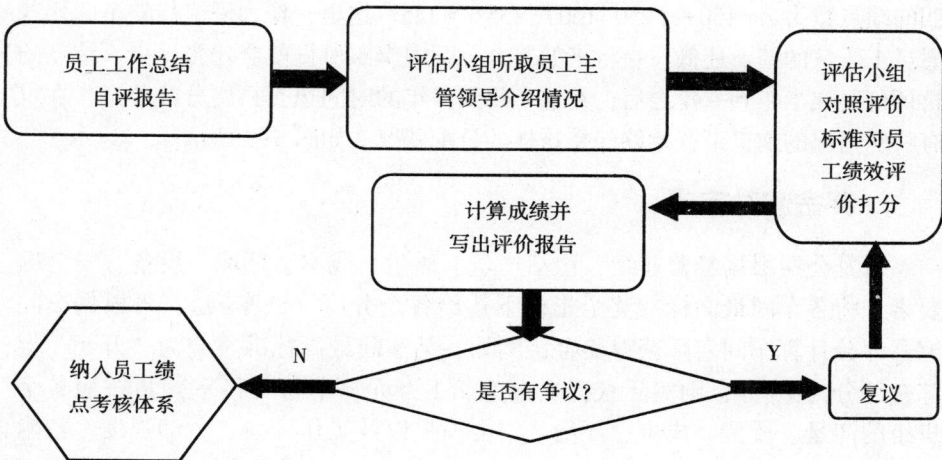

图 5-8　员工评价的操作程序

评价的操作程序是按照图 5-8 所示的流程进行的：首先员工对自己工作进行书面总结，对照评价指标体系的几个方面汇报自己的工作，并举出一些关键事件的事例。评估小组对照员工自评报告并听取员工主管领导对员工情况进行详细了解，对照评价标准打分，然后根据加权公式计算分数并写出评价报告，表彰员工成绩，指出不足和改进之处，反馈给员工。如果员工没有明显异议就将评分结果纳入员工绩点考核体系；如果存在明显异议，就由评估小组复议，重新给出评价。

☞员工绩效绩点的计算

设员工按照干部级别与技术级别双轨制分为四个层级，每一个层级与相邻的层级有重叠的部分。双轨制给员工更广泛的发展空间，既鼓励员工走技术之路，也鼓励员工向管理领域发展。层级的重叠则将层级间的界限模糊化，也就是说，最优秀的低层级员工其绩点可能超过最平庸的高层级员工。如果这种现象持续发生，就应该考虑对低层员工的提拔，对高层员工的降职。

具体计算绩点方式为：设某员工绩效评估得分为 J，则该员工的绩点值公式为：

Z＝该层次最低绩点＋（该层次最高绩点－该层次最低绩点）×J%

举例来说，A 企业的张三是普通工人，得到绩效评分为 88，则张三的绩点数为 Z＝100＋（200－100）×88%＝188；设李四是班组长，绩效评分为 35，则李四的绩点数为 Z＝150＋（250－150）×35%＝185。这里，作为班组长的李四比普通员工张三的绩点还低。在将来的奖金分配中李四所得就会比张三少。绩点的再评价要在半年到一年之后，在这半年到一年的时间里，只要分配奖金，在没有特殊情况的前提下，始终保持这样的分配状况。如图 5-9 所示。

☞奖金激励方式

每月公司根据经营业绩，包括产量、质量、成本、环境、设备、安全等要素，将各车间最高标准奖金指标下达给各个分厂（或车间）；再根据车间综合评分计算车间实际获得奖金；例如，某车间最高标准奖金为 3 万元，但综合评分为 70 分，则实际获得奖金为 2.1 万元。车间（科室）再按照各个班组的产量、质量、成本、环境、安全损失以及工作环境、劳动强度、技术难度评价各个班组，得到各班组奖金额，上报公司人力资源部门；人力资源部门根据该班组员工绩点数计算每个员工的绩效工资。

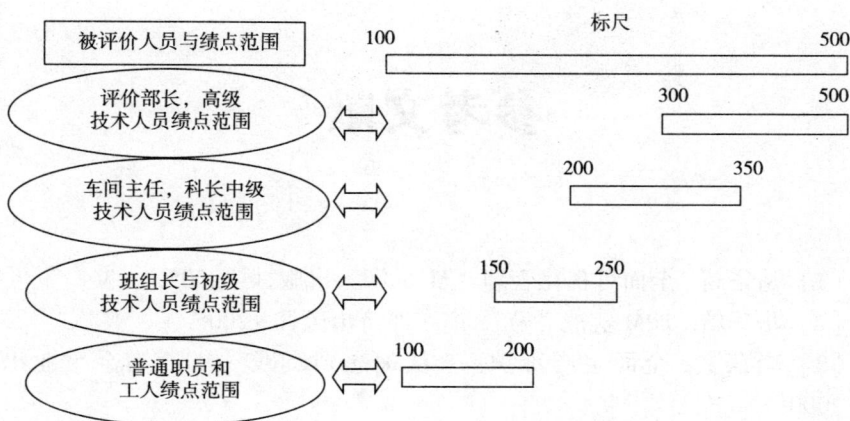

图 5-9　A 企业绩点层级的设计

考核团队绩效可以按照产量、质量、成本、环境、设备、安全等要素进行加权综合，其结构如图 5-10 所示。

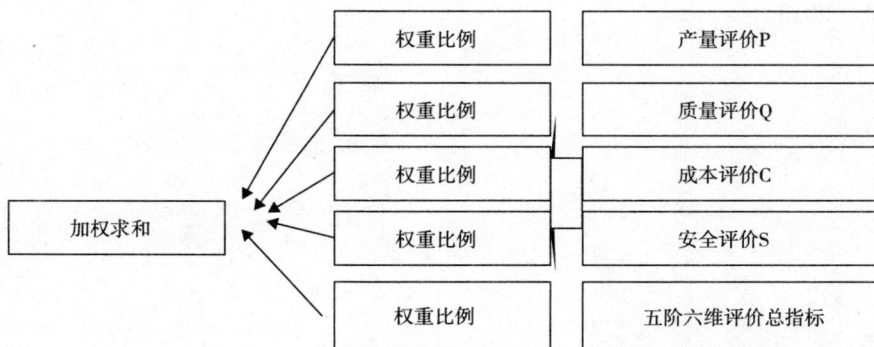

图 5-10　团队绩效考核结构示意图

还以上面的 A 企业为例，工厂对车间综合评价结果，给某车间分配奖金 2.1 万元，经车间领导评价，得到生产一班获得奖金额度为 0.6 万元，本班组共有员工 8 名，总绩点数为 1200 点，则每一绩点奖金额度为 6000÷1200＝5 元。假设员工张三的评价绩点为 188，则张三应分得绩效奖金 188×5＝940 元；对组长李四的评价绩点为 185，李四应分得绩效奖金为 185×5＝925 元。

参考文献

［1］岳华新. 全面可视化管理［M］. 海天出版社，2005.

［2］岳华新. TPM 实战［M］. 广东经济出版社，2005.

［3］李葆文. 全面生产维护——从理念到实践［M］. 冶金工业出版社，2000.

［4］杨新刚. 图表解精益全面生产维护 TPM 推进实战［M］. 机械工业出版社，2014.

［5］［美］W. 爱德华·戴明. 转危为安［M］. 钟汉清译. 机械工业出版社，2016.

［6］［日］JIPM-S. 精益制造 011：TPM 推进法［M］. 刘波译. 东方出版社，2013.

后　记

　　TPM 是日本在学习美国的设备管理和经历事后维修（BM）、预防维修（PM）、生产维修（PM）后形成的一种设备管理方法。我国结合实际国情和企业实际状况，形成的适合自己企业使用的 TPM，已经在很多企业中应用并取得很好的效果。

　　在开展 TPM 过程中，一定要把握好正确操作、点（巡）检与预防性维修、TPM 绩效评估这几个重点，并运用 6S、可视化等必要的工具。同时，企业要结合自己的实际状况，根据灵活性原则和把握工作方式方法，按计划、分步骤地有效实施，这样才能取得良好的效果。